常磐線

1960年代～90年代の思い出アルバム

三好好三 著

【写真】安田就視、荻原二郎、小川峯生、山田虎雄

【上野駅のキハ81系気動車特急「はつかり」】電車特急の第1弾・ボンネット型の151系（東海道本線「こだま」用）の後を追って登場したボンネット型の気動車特急キハ81系。ボンネットというには、ずんぐりしていたのは中に収めた機器類格納のためだった。随所に新規開発の苦心の跡が見られたが、初期故障が多かった。◎上野駅 1960（昭和35）年9月18日 撮影：小川峯生

.....Contents

1章 上野〜取手
　〜一大通勤輸送を担う複々線区間〜·················· 5

2章 藤代〜水戸
　〜北関東の肥沃な田園地帯と中堅都市〜·················· 63

3章 勝田〜仙台
　〜南東北の旧炭鉱地帯を経て杜の都へ〜·················· 111

コラム「常磐線で出会う私鉄線」「常磐線の電車の向き」·················· 133

【利根川を越える485系特急「ひたち」】
緩行線の車窓から快速線の橋梁を望んだもので、485系の上り特急「ひたち」が走行中。この橋梁は架替えられて、現在は緩行線と快速線の間に新鉄橋が完成している。川幅が広いため、常磐線が利根川橋梁を越える轟音も相当なもので、取手市内の高層ビルでもよく聞える。◎取手～天王台間　1986（昭和61）年5月　撮影：安田就視

まえがき

　かつて常磐線は、沿線に住む人たちは別格として、多くの東京市民(都民)にとっては謎に満ちた、そして蠱惑的な魅力を持つ路線に見えたものだった。その理由は、日暮里駅から上野駅までの僅か2.2kmしか都心部に顔を見せない路線だったからである。この区間には東北本線、高崎線、山手線、京浜東北線といった錚々たる顔ぶれが並走していて、かなりの間隔をおいて顔を見せる常磐線の特急、急行、準急、快速、普通などの列車は、別世界からの来訪者のように見えたのだろう。

　しかし、常磐線は奥の深い路線で、一部区間の印象だけですべてを語り尽せる路線ではない。昭和30年代までは常磐炭鉱の石炭輸送、日立方面の産業輸送に活力を見せ、昭和40年代からは首都圏の通勤路線の一つとしてラッシュ対策に追われる路線に変身し、大発展する姿を見せてきた。東京からの放射5方面(①東海道本線・横須賀線方面、②中央本線方面、③東北本線、高崎・信越本線方面、④常磐線方面、⑤総武本線方面)の中では「本線」ではない路線が常磐線だが、すでに東京と仙台を結ぶ短絡線として多くの高速列車を走らせており、現在は品川から特急、中距離電車、快速電車も発着する一大幹線に発展している。

　本書は、そのような多様性をもつ常磐線を多角的に観察した一書である。鉄道写真のベテラン各位から多数の写真のご協力をいただいて、できる限りの記録を残してみた次第である。なお、世には九州、北陸地区の交流電化区間と対比する記事が多いが、本書では紙幅の関係から常磐線に絞り込んだ内容になっている。お楽しみいただければ幸甚である。

2019年5月　三好好三

1章
上野〜取手
〜一大通勤輸送を担う複々線区間〜

常磐線の起点・日暮里〜取手間は35.2kmだが、多くの列車が起終点とする上野（東北本線）からは37.4km、乗入れ先の品川（東海道本線）からは47.8kmとなる。このうち常磐線だけを見ると、日暮里〜北千住間5.2kmが複線である他は、北千住〜取手間32.2kmが複々線となっている。当線にとっては最も躍動的な区間で、多様な列車を見ることができる。

【上野駅で発車を待つキハ55形気動車準急「ときわ」】上野〜水戸間の快速として気動車による快速が登場したのが1955（昭和30）年のこと。1958年に準急「ときわ」となり、水郡線の「奥久慈」の併結を開始。初期にはキハ55系だったが、後にはキハ58系の編成となる。但し、1962（昭和37）年には451系電車が投入され、1966（昭和41）年3月に急行に格上げ。「ときわ」は気動車で残ったが、特急「ひたち」の増発で1985（昭和60）年3月に廃止となった。◎上野駅　1960（昭和35）年9月26日　撮影：荻原二郎

【上野駅で発車を待つＤＦ901＋急行「きたかみ」】 DF901は1956(昭和31)年に日立製作所が試作し、翌1957年に国鉄が借入れて水戸区に配置、常磐線(一時房総線に貸出し)で急行牽引に当った。電化が完成すると秋田区に移ったが、あまり使用されないまま1971(昭和46)年に廃車となった。上野駅でも赤／白の塗装は目立った。右奥は常磐線各停の40系電車。◎上野駅　1959(昭和34)年８月20日　撮影：荻原二郎

【キハ81系気動車特急「はつかり」発車式】 客車からキハ81系気動車特急に変身した「はつかり」の出発式の模様。キハ81系はこの後1968(昭和43)年10月に583系寝台電車特急と交代するまで常磐線経由上野～青森間を走り続けた。「つばさ」「くろしお」用に転じた後、1979(昭和54)年に廃車となった。◎上野駅　1960(昭和35)年12月10日　撮影：林嶢

【DC特急「はつかり」代行のSL特急】上野と青森を結ぶ常磐線経由の気動車特急「はつかり」は、初期故障に悩まされていた。この日もC6220牽引の代行列車が上野駅で発車を待っていた。客車はスハ44系の「はつかり」編成。またもや"現役復帰"する日となった。◎1960(昭和35)年12月18日　撮影：荻原二郎

【上野駅でC5754(右)とC6223(左)が発車を待つ】右が平行き233レを牽引のC5754号機、左が特急「はつかり」牽引のC6223号機。常磐線のC57形は普通列車、成田線直通列車牽引で活躍していた。C62形は特急牽引機が決まっていて、同じ番号機の写真が多く残っている。◎上野駅　1960(昭和35)年1月24日　撮影：小川峯生

【日暮里駅】江戸時代に「日暮(ひぐらし)の里」と呼ばれた日暮里には、1905(明治38)年4月の日本鉄道時代、常磐線の新しいルート上に日暮里駅が置かれた。駅の西側は「谷根千」と呼ばれる歴史の古い谷中・千駄木地区であり、天王寺などの古刹がある。駅の所在地は荒川区と台東区の境目で、ホーム上に区境が存在している。◎1967(昭和42)年　撮影:山田虎雄

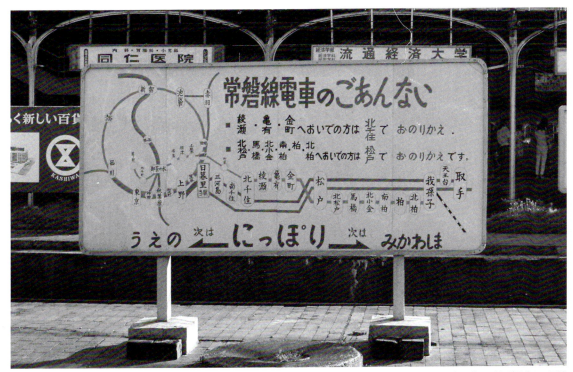

【日暮里駅】ホームに設置されている常磐線の案内板である。この駅には常磐線（快速）のほか、山手線、京浜東北線の列車が停車し、国鉄線内での乗り換え客も多かった。また、京成本線も乗り入れているため、千葉・成田方面から来る人も多く、近年は成田空港からスカイライナーを利用してやってきて、JR各線に乗り換える外国人も多い。◎1972（昭和47）年　撮影：山田虎雄

【上野駅からの眺め】上野駅北側から望む。真下に常磐線の651系特急「スーパーひたち」、高架上に常磐線各停の103系（当時の通称は「青電」）、奥に東北線（または高崎線）の115系が見える。◎上野駅　1994（平成6）年2月　撮影：安田就視

【上野駅を発車すると日暮里から別れていく常磐線快速】撮影当時は上野から東北本線、高崎線、山手線、京浜東北線と並走するが、2.2kmで日暮里駅に到着、同駅から急カーブで各線と別れ、三河島、南千住方面へ去っていく姿が印象的だった。反対に上りの場合は、日暮里でふいに顔を出す特急や急行、快速に味があって、楽しみは尽きなかった。◎鶯谷駅付近 1987 (昭和62) 年5月 撮影：安田就視

【近郊型403系の表情】常磐線の近郊用電車として3扉セミクロス席の交直両用電車・401系が登場したのは1960 (昭和35) 年のこと。続いて1966 (昭和41) 年には401系の出力100kwを120kwにアップした403系が登場した。電動機の変更なので、先頭車のクハ401形は続番で増備された。401系との混結も多く、一般的には話題にならなかった。1992〜2008 (平成4〜20) 年の間に順次廃車。◎日暮里〜三河島間 1983 (昭和58) 年11月16日 撮影：荒川好夫 (RGG)

【三河島駅】尾竹橋通りに面して開かれている三河島駅。荒川区内にあり、駅の周辺には下町情緒が漂っている。「三河島」の地名は、徳川家康に従ってきた人々が開いた田畑があったから生まれたなどの説がある。1968(昭和43)年の住居表示から「三河島」が消えて、駅所在地は現在、「西日暮里1丁目」となっている。◎1982(昭和57)年8月19日　撮影：RGG

【南千住付近を行く415系1500番代車】401系以来の「赤電」一族の最終増備グループで、車体は直流専用の211系と同型のステンレス車体となった。但し、座席はロングシートで、有名になった「常磐線のラッシュ」への対策の一つ。E531系の増備により2016(平成28)年までに廃車となった。一部はJR九州に譲渡されている。◎三河島〜南千住間　1990(平成2)年2月　撮影：安田就視

尾久操車場、田端操車場（1980年）

手前に明治通り(都道307号)が通り、中央右下には東北本線の列車線上に設置された尾久駅が見える。駅舎が明治通りに向かって建てられている尾久駅は1929(昭和4)年6月に開業した。この南(下)側に広がるのは、尾久客車操車場(現・尾久車両センター)、田端操車場(現・田端運転所)で、現在は東北・上越・北陸新幹線も通っている。◎撮影:朝日新聞社

【南千住駅】現在は東側にJR貨物の隅田川駅、東京メトロの千住検車区が置かれている南千住駅。1971（昭和46）年までは都電の南千住車庫も存在したが、廃止後に都営アパートに変わり、周辺には高層マンションも建ち並ぶようになった。1896（明治29）年12月の開業以来、少なかった駅の利用者も近年は大きく増加している。◎1988（昭和63）年10月16日　撮影：安田就視

【常磐線近郊型ただ1両の2階建て車両クハ415－1901号車】定員増対策の試験車両として、常磐線近郊型にクハ415形1901号車が1991（平成3）年に登場した。日本車輌の製造で、東海道本線のサロ211形などをモデルにした制御車だった。特別料金不要で好評だったが、務めを果して2006（平成18）年に廃車となった。◎北千住～南千住間　1991（平成3）年5月23日　撮影：安田就視

【北千住駅】1896（明治29）年12月に日本鉄道の駅として開業し、1899（明治32）年8月に東武鉄道伊勢崎線との連絡駅となった。1960年代には、営団地下鉄（現・東京メトロ）の日比谷線、千代田線の駅も開業し、東京北部を代表するターミナル駅としての貫禄を見せてきた。
◎1982（昭和57）年8月　撮影：安田就視

【初期の「ときわ」を支えたキハ26系気動車】「ときわ」は1955（昭和30）年に誕生した上野〜水戸間の快速「ときわ」に源を発し、1958年に準急に格上げされ、「奥久慈」と併結されるようになる。気動車キハ26形、キロ25形を使用していたが、その後キハ58系に変り、1966（昭和41）年3月に急行とに格上げされたが、1985（昭和60）年3月の改正で消えていった。◎南千住〜北千住　1962（昭和37）年9月20日　撮影：小川峯生

北千住駅周辺 (1984年)

北千住駅の西口からは、日光街道(国道4号)に向けて道路が延び、両側はアーケード商店街となっていた。このあたりは江戸時代、江戸四宿のひとつ、千住宿が置かれた場所である。この当時、西口では駅ビル「北千住ウイズ」(現・ルミネ北千住)の建設が行われており、現在は駅前に北千住マルイが入る千住ミルディスが建つ。◎撮影：朝日新聞社

【SL特急「はつかり」最終日1日前の快走】地平時代、複線時代の綾瀬駅を通過していくC6220牽引の特急「はつかり」。駅周辺はまだ農村的で、民家が建ち並び始めた頃である。
◎綾瀬駅付近　1960（昭和35）年12月8日　撮影：小川峯生

【試作ディーゼル機DF901牽引の急行「きたかみ」】今の繁栄ぶりからは想像もつかないが、綾瀬駅に近い築堤区間を上野に向うDF901牽引の急行「きたかみ」の一景である。東京都心から5方面に延びる国鉄幹線の中では、最も近い距離で田園風景に出会うのが常磐線だった。現在はこの箇所も複々線化され、都市化されている。◎北千住～綾瀬間　1960（昭和35）年12月8日　撮影：小川峯生

【常磐線亀有駅付近の複々線化工事】常磐線の複々線化は、1965（昭和40）年2月に綾瀬〜我孫子間で工事着工、1971（昭和46）年4月に綾瀬〜我孫子間が完成、次いで我孫子〜取手間が1982（昭和57）年11月に完成し、常磐線の複々線化は所期の目標を達成した。写真は高架複線を建設中の模様で、4線完成後は緩行線として使用、地平線の部分が快速線になった。
◎亀有駅付近　1967（昭和42）年9月7日　撮影：朝日新聞社

【試作ディーゼル機DF901牽引の急行「きたかみ」】上野～青森間常磐線経由の急行「きたかみ」は1952 (昭和27) 年9月に客車列車「北上」として誕生、翌1953年4月に「きたかみ」となった。C62形が牽引していたが、1962 (昭和37) 年から日立製の試作ディーゼル機DF901が水戸区に入り、1967 (昭和42) 年の電化完成まで「きたかみ」牽の牽引を続けた。◎北千住～綾瀬間 1960 (昭和35) 年9月18日 撮影：荻原二郎

【常磐線側からの千代田線乗入れ車・203系】千代田線の6000系に対する国鉄 (当時) の車両として1982 (昭和57) 年に登場したのが203系である。当時量産が行われていた中央線の201系の派生改良形式でもあり、アルミ車体、サイリスタチョッパ制御が採用された。最終的に160両が投入され、2011 (平成23) 年に運行を終了した。◎綾瀬駅 1999 (平成11) 年3月 撮影：安田就視

【地下鉄千代田線の開業時には東西線の5000系を借用】営団地下鉄千代田線の開業時には斬新な6000系を投入する予定だったが、開発が遅れたため、営団東西線で増備が続いていた5000系を使用することになり、1969(昭和44)年12月の北千住〜大手町間部分開通時から5000系(緑帯)が使用された。また1979(昭和54)年9月の北綾瀬支線開業時にも5000系が投入された。主の6000系が登場すると5000系は東西線に戻ったが、北綾瀬支線には2015(平成27)年までその姿が見られた。◎営団千代田線綾瀬検車区 1974(昭和49)年7月 撮影:荒川好夫(RGG)

【綾瀬駅】1967(昭和43)年2月に亀有駅寄りの現在地へと移転し、綾瀬駅は現在のような高架駅になった。3年後の1971(昭和46)年4月には営団地下鉄(現・東京メトロ)の駅が開業する。千代田線は1979(昭和54)年12月に綾瀬〜北綾瀬間が開業し、1985(昭和60)年3月から、0番ホーム線が使用されるようになった。◎1982(昭和57)年8月19日 撮影:RGG

【亀有駅】1897（明治30）年5月に開業し、120年以上の歴史がある亀有駅。当初は中川の東側に新宿（にいじゅく）駅が置かれる予定だったという。その後、日立製作所亀有工場が誕生するなど工場地帯として発達。現在は、人気漫画「こちら葛飾区亀有公園前派出所」に描かれた舞台の最寄り駅として、全国的に有名になった。◎1982（昭和57）年8月19日　撮影：RGG

【「赤電」時代の401系】交直両用の近郊型401系は常磐線の基本的な通勤車両として定着し、「赤電」として親しまれた。前面はクハ401-22号車までが低窓、それ以降が写真のような高窓となった。この塗分けでの塗装は1984（昭和59）年まで続いた。◎金町〜松戸間　1972（昭和47）年3月　撮影：白井朝子（RGG）

【上野発着の快速となった元各停の103系】常磐線の複々線化完成後、各停電車は常磐線緩行と地下鉄千代田線の相互直通運転に任せ、元々の上野〜取手間の各停電車は快速線を走る「快速」となった。初期には103系、現在はE231系0番代車が担当している。◎金町〜亀有間 1972(昭和47)年2月3日 撮影：荒川好夫(RGG)

【江戸川を渡る「青電」こと103系快速】常磐線への103系投入は1967 (昭和42) 年から。山手線の黄緑、京浜東北線の水色を足して2で割ったような青緑 (エメラルドグリーン) で登場した。「能の無い話」「暗すぎる」などの下馬評もあったが、常磐カラーとして定着した。寅さん映画でお馴染みの江戸川河川敷は右手の奥。◎金町〜松戸間　1983 (昭和58) 年12月9日　撮影：荒川好夫 (RGG)

【ボンネット型の先頭車が揃った特急「ひたち」】特急「ひたち」には485系の箱型（貫通または非貫通）スタイルが一旦増えたのだが、九州地区との調整で車両交換を行い、常磐線の特急にはボンネット型の顔が多数集まった。651、E653系が増えるにつれて、順次姿を消した。◎金町〜亀有間　1987（昭和62）年4月4日　撮影：高木英二（RGG）

【地下鉄千代田線乗入れ用103系1000番代車の変転】営団地下鉄千代田線との相互直通運転開始にあたって、旧国鉄が用意したのは103系の地下鉄向け仕様の103系1000番代車だった。灰白色に青緑の帯で、快速用の103系と区別された。203系の登場で役目を終えると、多くは105系に改造して近畿、中国地区へ送られ、残りは青緑色となって快速線に残った。◎松戸〜金町間　1987（昭和62）年4月4日　撮影：高木英二（RGG）

【更新はしたものの…、常磐線103系の晩年】上野～取手間の快速として常磐線の103系は活気を呈していたものの、老朽化は避けられなかった。更新で美しくなった車両も増えていたが、2002～03（平成14～15）年に中央・総武緩行線と同型のE231系0番代車が集中的に投入され、103系は引退した。◎松戸～金町間　2002（平成2）年7月9日　撮影：米村博行（RGG）

【VVVF制御の試作車だった207系900番代車】国鉄時代の1986（昭和61）年に初のVVVFインバータ制御電車の試作車として207系900番代車10両1編成が試作された。車体は軽量ステンレス製で205系に近似していた。常磐緩行線に投入され、千代田線直通に使用されたが、少数で使用しにくいことから2010（平成22）年1月に廃車となった。なお、JR西の207系とは全く関係がなく、車番も重複していなかった。◎松戸～金町間　1987（昭和62）年5月29日　撮影：松本正敏（RGG）

【松戸駅】現在はアトレ松戸に変わった旧駅ビル、ボックスヒル松戸を背景にして、西口駅前にバスターミナルが設けられている。この西側には流山街道（千葉県道5号）が走っており、市川、八潮、三郷といった周辺各地から路線バスが集まってくる。一方、東口側には八柱、新津田沼方面に向かう新京成線が乗り入れている。◎1979（昭和54）年3月11日　撮影：森嶋孝司（RGG）

松戸駅周辺 （1978年）

松戸駅周辺のこの空撮写真では、1974（昭和49）年に竣工した回転展望レストランをもつ松戸ビルヂングが目立っている。地上20階の事務所棟にはホテルニューオータニが入り、松戸市文化ホールが設けられた。一方、地上11階の店舗棟には伊勢丹松戸店が入店していたが、2018（平成30）年に閉店した。右奥には、緑豊かな松戸中央公園が見える。◎撮影：朝日新聞社

【松戸駅】常磐線のローカル駅の一つだった松戸駅は、1971（昭和46）年4月、営団地下鉄（現・東京メトロ）千代田線との相互乗り入れ開始により、新しい橋上駅舎をもつ駅に生まれ変わった。1943（昭和18）年に人口約4万人でスタートした松戸市も、現在は約49万人の千葉県第4の都市に発展している。◎1988（昭和63）年11月11日　撮影：安田就視

【松戸駅からの眺め】複々線化後は上野発着の普通が快速線を走るようになり、まず103系がその任に就いた。取手までの運行と、我孫子から成田線に直通する運行があり、その運行系統は現在も受継がれている。◎松戸駅　撮影：安田就視

【常磐線と相互乗入れする地下鉄千代田線の6000系】前面のスタイルが斬新な6000系は常磐線、小田急線と相互乗入れするために1968(昭和43)年に試作車が登場、続いて量産車が千代田線、常磐線内にデビューした(小田急線は1978年より)。同型車は有楽町線7000系、半蔵門線8000系と登場したが、この前面はむしろ他都市の地下鉄に大きな影響を与えた。2010(平成22)年に引退した。◎松戸駅　1987(昭和62)年5月　撮影：安田就視

【松戸駅付近の415系下り普通電車】近郊型の普通電車は上野〜取手間は快速線を走行する快速電車の扱いで、本来の普通は千代田線と相互直通を行う緩行電車を指す。発展目覚しい松戸は沿線でも大都会の趣で、隣の柏と競い合うことが多い。◎松戸駅付近　1987(昭和62)年5月　撮影：安田就視

【72系と103系の交代期】戦後の常磐線は40系主体の時代が長く、昭和30年代末期から72、73系が主体となった。1967(昭和42)年以降は103系の新製投入が続き、72系と交代した。写真のクハ79形300代車は1956(昭和31)年度型で、中央線に新製投入されていたもの。101系の登場で各線を流浪した中の1両だった。◎松戸電車区 1971(昭和46)年2月2日 撮影：荒川好夫(RGG)

【北松戸駅】1952（昭和27）年5月、松戸競輪場の利用者のための仮停車場として開業し、1958（昭和33）年12月に常設駅となった北松戸駅。島式ホーム1面2線をもつ地上駅で、橋上駅舎を有している。現在は西側に広がる北松戸工業団地に勤務する人々も多数利用する駅となっている。◎1982（昭和57）年8月19日　撮影：RGG

【馬橋駅】水戸街道（国道6号）側に開かれている馬橋駅の東口駅舎。この馬橋駅は1898（明治31）年8月、日本鉄道時代に開業した歴史の古い駅であり、1916（大正5）年3月からは流山軽便鉄道（現・流鉄流山線）との連絡駅となっていた。流鉄の馬橋駅は、反対側の西口北側に設けられている。◎1982（昭和57）年8月19日　撮影：RGG

【北小金駅】江戸時代から水戸街道の宿場町、小金宿が置かれていた付近には1911(明治44)年3月、常磐線の北小金駅が開設された。この駅は水戸街道から分かれ、あじさい寺として名高い本土寺への参道上に位置している。現在の駅の構造は、島式ホーム1面2線をもつ地上駅で、橋上駅舎を有している。◎1982(昭和57)年8月19日　撮影：RGG

【南柏駅】この南柏駅は戦後の1953(昭和28)年10月に開業した比較的歴史の新しい駅である。その4年後の1957(昭和32)年、日本初のマンモス団地、光が丘団地の入居が始まり、通勤・通学客が多く利用するようになった。この橋上駅舎が完成したのは1971(昭和46)年12月で、東口が開設されている。◎1982(昭和57)年8月19日　撮影：RGG

【207系900番代車の顔】一見205系を思わせるが、れっきとした別形式の207系900番代車である。国鉄初のVVVFインバータ制御を採用した試作車で、川崎重工が6両、東急車両が中間の4両を製造した。2010(平成22)年1月に廃車となって解体された。◎松戸電車区 1987(昭和62)年2月21日　撮影：松本正敏(RGG)

【10両1編成に終った千代田線の06系】地下鉄千代田線の車両を1編成増備するに当り、当時製造中の有楽町線07系とほぼ同じ車体で1992(平成4)年に誕生した形式。07系ともども「Gentle & Mild」をテーマに「すべてにやさしく」に徹した斬新な車体で登場した。千代田線初のインバータ制御車で、人気を呼んだが増備はなく、後継は16000系となった。2015(平成27)年に廃車。◎馬橋～北松戸間 2013(平成25)年2月12日　撮影：小林大樹(RGG)

【馬橋駅からの眺め】常磐線の複々線化以前には、緩行線が北側を走っていたので、総武流山鉄道（現・流鉄）との乗換えは至ってラクだった。しかし金町〜松戸間で緩行、快速線の線路を交差させて入れ変ってからは、流鉄と緩行線の間に快速線が走るようになって、気軽な乗換えはできなくなった。◎総武流山電鉄㊧と常磐緩行線㊨　1991（平成3）年3月　撮影：安田就視

【千代田線乗入れ用の増備に新系列209系1000番代車】常磐線の地下鉄直通乗入れ車203系と207系の増備車として、1999（平成11）年に新系列の209系1000番代の10連×2本が登場した。それ以降の増備はE233系2000代となり、209系1000代は余剰となっていたが、中央快速線E233系0番代へのグリーン車連結のための関連工事中の助っ人として2018（平成30）年に中央快速線へ転属した。◎南柏〜北小金間　2013（平成25）年2月10日　撮影：小林大樹（RGG）

『柏市史』に登場する常磐線

　市域が大きく発展する契機となったのは、明治29年(1896)12月25日の日本鉄道株式会社常磐線の開通と、柏駅の開設であった（現在のＪＲ常磐線…上野・岩沼間は、当初、隅田川線…田端・千住間、土浦線…南千住・友部間、磐城線…水戸・岩沼間の3区線に分かれていたのが、明治34年11月に3区あわせて海岸線となり、さらに明治39年の国有化を機に常磐線と改称されたものである。本巻では常磐線の呼称を、適宜、改称前に遡って使用する）。

　常磐線敷設の計画は明治22年に端を発する。同年1月の水戸線（日本鉄道東北線小山駅から分岐し水戸へ至る）開通をうけ、これに接続する平・水戸間の鉄道を敷設して常磐炭の輸送事情を改善しようという、地元有志の活動が起こったのである。福島県菊多・磐前・磐城3郡の郡長であった白井遠平らは、福島県知事のほか、渋沢栄一・川崎八右衛門・浅野総一郎など東京の有力資本家の賛同を取り付け、秋には常磐炭砿鉄道会社の創立準備を始めるまでになったが、経済事情の悪化で一時出願を見合わせていた。

　一方、日本鉄道は、明治26年に白井から常磐砿鉄道会社に50万円出資するよう求められて、この計画に加わることになった。この時点では、前年6月の鉄道敷設法公布を受けて、計画は宮城県亘理郡地方とも協力し、水戸から平を経て東北線岩沼駅に至る路線を建設するというものに拡張されていた。これは東北線の併行線となり、競合のおそれがあった。そこで日本鉄道社長小野義真は65万円の出資を約束する一方、直接敷設・経営に乗り出す意思のあることを表明し、最終的には常磐炭を格安運賃で輸送するという条件で先願権を譲り受けた。こうして同年7月31日の臨時株主総会に常磐線の敷設計画が提案されたのだが、注目されるのは、東北線川口駅近傍から分岐し、茨城県下土浦・石岡を経て水戸線に接続する路線（土浦線の当初計画）、それに伴う川口橋梁の複線化、そして水運連絡機能を持つ貨物駅設置のための隅田川線の敷設が、同時に提案・決定されたことである。

　「鉄道敷設ニ付、土地買上等ノ困難ヲ感スル時ハ之ヲ廃止スルコトアルヘシ」との条件付きながら、常磐線の総工費850万円のうち220万円を充当する予定で土浦線の敷設が決議されたのは、磐城線に比べ高い利益が見込まれたからだった。明治26年8月5の仮免状下付申請に添えられた起業目論見書によれば、工費に対する見込み利益が磐城線で年五分二厘余だったのに対し、土浦線のそれは六分三厘余だった。そして後述するように、事実その通りとなったのである。

　ところで土浦線は、当初の計画通りには敷設されなかった。仮免状下付申請の時点では、図12のように、川口から流山、小金、根戸を経て我孫子に至る路線をとっていたが、仮免状下付の翌日、明治27年2月16日に、鉄道局長から見直しの指示が下ったのである。指示の趣旨は、同路線は将来、磐城線と接続し東北地方運輸交通上の要路となるべきものなのに、現在の計画では迂回し過ぎである、よって本免状の出願までに「上野ヨリ千住ヲ経テ、直チニ流山近傍ニ達シ、及ヒ石岡ヨリ直チニ水戸ニ至ル、此両間ニ於テ距離ヲ短縮シ得ルノ線路」を実測するようにというものだった（同）。

　経営上の判断から貨物輻輳の地を選びつつ路線を策定した日本鉄道にとって、その変更は苦しいものだったに違いない。3月13日には実測結果を提出したものの、川口分岐案の修正は表明されないままだった（同）。というのも3月24日の日本鉄道技師長の調査実況報告からうかがえるように、川口・流山間は「最モ豊饒ノ土地」であり、利根川水運に連絡する土浦と、江戸川水運に連絡する流山は、ともに多くの貨物が期待できる重要地点だったからである。同報告では、根戸から布施・板橋（茨城県伊奈町）を経由して土浦に達する路線も検討されたが、根戸から我孫子、取手を経由して土浦に達する本路線に比べ、距離の短縮や工事のある程度の容易化という利点はあるものの、本路線に比べて利用貨客が少なかろうとの理由から採用されなかった。

　結局、日本鉄道では5月30日の鉄道局宛て上申書で、ほぼ指示通りに路線変更を行うこと、また千住分岐のために必要な上野・千住間の路線を、東京市区改正事業との関係で高架建設にしなければならないため、その完成まで土浦線を隅田川線に接続させたいと回答した。その後、7月5日には逓信大臣へ申請を行い、上野・富勢村根戸間は松戸付近を経由する路線に改めることになった。

　このように、路線変更は鉄道局の指導によるものだった。しかし日本鉄道の側でも、東北線東京・宇都宮間の輸送力を増強するために、単なる複線化ではなく、北千住から草加・越谷・杉戸・幸手を経て栗橋近傍に至る路線を敷設し、沿道町村の便宜を図るという計画があり、千住分岐は好都合だという事情があった。

　以上のような経過をたどり常磐線の本免状は明治27年11月2日に下付された。さて前述の調査実況報告では、流山町と取手町の間にある市域周辺は「畑地ト森林ニシテ、其中間ナル柏村近傍ニ広闊ナル小金原野ノ開墾地アリ」と記されており、貨客の利用が多いと見込まれるような場所ではなかった。土浦線の開業時に県内に設置された駅は、柏の他は松戸と我孫子の2つ。ともに水戸街道の宿場町であり、その賑わいは柏とは比べものにならない。どのような経緯で柏駅の設置が決まったのだろうか。実は地元の強い誘致運動が原動力となっていたのである。明治29年当時の史料には「大地主ナル南相馬郡富勢村ノ小柳七郎氏、東葛飾郡八木村鈴木裕三郎氏、鋭意率先公共ノ便利ト此地ノ盛衰トヲ慮カリ、鞠躬尽力ノ結果トシテ停車場及ヒ運動場ヲ設置セラル、ニ至レリ」とある。とくに富勢村布施の漢方医だった小柳氏は、現在の柏駅付近10町歩の土地を所有しており、用地提供を条件に駅の開設を請願した。駅前通りの「小柳町」という呼称は、その経緯を記念して付けられたものだという。

　その後、鉄道敷設予定地では用地買収が行われたが、千代田村長であった寺島雄太郎の明治28年の日記によれば、年初から活発化した地主との交渉は、ほとんど寺島と他二人の委員が担当した。日本鉄道の社員は松戸の事務所に詰めており、地主と直接交渉することはまずなかった。会社と地主双方の条件がなかなか折り合わないため、寺島らは連日、千代田村やその組合村であった豊四季村の地主のもとへ、あるいは松戸の会社出張所へ出向かなければならなかった。数名の地主を訪ねてなんとか約定

をまとめた日など、帰宅が深夜２時半に及んだこともある。寺島らが関係した用地買収が一段落したのは９月１日だった。

こうして柏駅は、明治29年12月25日、隅田川線と土浦線田端・土浦間の開通に伴って開業した。開業当日は沿道の各駅で「球燈を掲げ国旗を樹て停車場外には老幼蝟集」する盛況ぶりだった。このうち柏駅では「汽車の着する毎に烟火を挙げ」て周辺住民が祝意を表したという。なおこれをはさんで明治28年11月４日には土浦・友部間が、明治30年２月25日には水戸・平（いわき）間が開通し、31年８月23日には岩沼までの常磐線全線が開通した。表94に示した明治30年２月25日改正の時刻表によれば、柏駅には上り下りとも５本ずつの列車が運行された。上りの場合、柏発８時59分から、柏発18時59分までの列車があり、上野まで１時間16分ないし20分　運賃23銭で行くことができるようになったのである。

なお常磐線の列車が上野に乗り入れるには、田端駅で機関車の付け替えをする必要があった。明治35年９月６日に日本鉄道が逓信大臣に申請したところによれば、日暮里・三河島間の鉄道敷設は、田端での「時間ノ徒費シ、公衆ノ不便少ナカラス」という状態を解消すべく計画されたもので、常磐線と上野駅の間に直通列車を走らせ、線路と時間を短縮し、結果として運賃引き下げも実現する目論見だった。申請は許可され、明治38年４月１日には日暮里・三河島の両駅開設、上野駅への直通運転が実現した。そしてこの時、現在の常磐線の路線が確定したのである。

【建設中の常磐線～武蔵野線間の乗入れ支線】いわゆる「松戸の三角線」の南流山～北小金間の建設風景である。高架が連絡支線、左の地平路線が常磐線、前方奥が北小金駅。常磐線の全線電化は1967（昭和42）年に完成しているので、右の蒸機牽引の列車は上野発、成田線（我孫子支線）経由成田行きの列車で、東京近郊最後の蒸気運転となっていたが、1973（昭和48）年９月に電化された。◎1968（昭和43）年12月１日　撮影：朝日新聞社

【柏駅】人口約43万人の首都圏のベッドタウン、柏市の玄関口となっている柏駅は、1896 (明治29) 年12月、日本鉄道時代に開業した長い歴史を誇る。当初は東口だけの小規模な駅で、1956 (昭和31) 年12月に西口が開設された。1971 (昭和46) 年4月に橋上駅舎が完成し、現在の中央口が生まれた。◎1979 (昭和54) 年8月19日 撮影：森嶋孝司 (RGG)

【全線電化の区間を快走するキニ55形ディーゼル荷物列車(左)】頻発運転の電車の間を縫って、直流・交流の切替え機器を装備なしで走行できる小荷物専用の気動車列車が常磐線の名物になっていた。隅田川貨物駅～いわき駅間は全線電化区間であり、全区間架線の下を走る気動車としても人気があった。◎北柏～柏間　撮影：荒川好夫

柏駅周辺 （1980年）

南北に走る常磐線とともに、駅の南西で分かれて大宮、船橋方面に向かう東武野田線の線路が見える柏駅付近の空撮写真である。西側を走る幹線道路は国道6号、東側の道路は千葉県道261号。駅の西口には現在も営業を続ける柏高島屋のビルが建っているが、東口側で回転展望レストランが見える。そごう柏店は2016（平成28）年に閉店した。◎撮影：朝日新聞社

【北柏駅】駅は柏市と我孫子市の境界付近に位置しており、南東には手賀沼が広がっている。駅の開業は1970（昭和45）年4月で、当初は貨物駅としてスタートした。旅客駅となったのは翌1971（昭和46）年4月である。駅の構造は島式ホーム1面2線の地上駅で、橋上駅舎を有している。◎1982（昭和57）年8月19日　撮影：RGG

【天王台駅】天王台駅は、我孫子駅まで複々線化が実現した1971（昭和46）年4月に開業した、常磐線の中では比較的歴史の浅い駅である。その後、1982（昭和57）年11月に取手駅までの複々線化が完成している。この駅の構造は島式ホーム2面4線をもつ地上駅で、北口と南口が存在する。◎1982（昭和57）年8月19日　撮影：RGG

【常磐線名物・気動車キニ55形の荷物列車】常磐線は直流・交流区間の切替えがあるため、小荷物列車は電機、電車のように特殊な機器を必要としない気動車列車が投入された。キハ10系からキニ55形、キハ20系からキニ56形、キハ28形・キロ58形からキニ58形が誕生し、隅田川貨物駅～いわき駅間で運行された。1986 (昭和61) 年に鉄道小荷物の廃止により、キニは廃車となった。◎キニ55形の2連　北柏～柏間　1974 (昭和49) 年11月　撮影：小野純一 (RGG)

【地下鉄千代田線乗入れ用の203系】1978 (昭和53) 年3月に千代田線は綾瀬～代々木上原間が全通し、常磐線、千代田線、小田急線との相互直通運転を開始した。1892 (昭和57) 年11月に我孫子～取手間の複々線が完成、朝夕は緩行線電車も取手まで延長となった。203系は国鉄が最初に投入した乗入れ車両で、当時量産中だった中央線用201系のアルミ車体版だった。2009 (平成21) 年以降、E233系2000番代車と交代して引退した。◎北柏～柏間　1985 (昭和60) 年7月29日　撮影：高木英二 (RGG)

【更新工事で美しくなっていた103系】常磐線上野駅発着の各停は、複々線化後には快速となった。その当初から活躍していたのが103系だった。首都圏、近畿圏から転属してきた車両が多く、更新工事も始まって変化に富んでいた。2001(平成13)年以降E231系0番代車の登場により、順次引退していった。◎我孫子付近　1997(平成9)年11月8日　撮影：武藤邦明(RGG)

【我孫子駅】営団地下鉄(現・東京メトロ)千代田線の開通に伴う常磐線の複々線化は、1971(昭和46)年4月に完成し、我孫子駅も橋上駅舎に変わった。改札口も当初は手賀沼に向かって開かれたた南口だけだったが、1970(昭和45)年12月の自由通路開設とともに、新たに北口が設けられた。
◎1983(昭和58)年9月23日　撮影:高木英二(RGG)

【常磐線の沿線開発に貢献した地下鉄千代田線】常磐線の通勤区間が複々線化され、営団地下鉄(現・東京メトロ)千代田線との相互直通運転が始まると、常磐線の人気は急上昇。沿線の開発が急ピッチで進み、「千代田線金町」「千代田線松戸」「千代田線柏」などの呼称が飛び交った。6000系は2018(平成30)年まで現役を通した。◎我孫子駅付近　1974(昭和49)年3月24日　撮影:安田就視

我孫子駅周辺（1976年）

橋上駅舎が誕生してから約5年が経過した時期(1976年)の我孫子駅付近の空撮で、右奥には豊かな水をたたえる手賀沼がのぞく。我孫子市の南側に広がる手賀沼の付近には、明治から大正にかけて、柳田國男や島崎藤村、田山花袋といった文人、学者が訪れ、志賀直哉、武者小路実篤は邸宅を構えた。この写真でも、手賀沼公園の周辺に多くの住宅が並ぶ様子が見える。◎撮影：朝日新聞社

【地下鉄千代田線乗入れ用の103系1000番代車】千代田線乗入れ用の国鉄車両は103系の派生形式・103系1000番代車だった。前面のデザインは中央線⇔東西線用の301系とほぼ同じだったが、機器類やインテリアは103系そのものだった。203系と交代してからは流転の運命が待っていた。JR西では105系化されたものが今なお現役を通している。◎取手～天王台間　1982（昭和57）年8月19日　撮影：森嶋孝司（RGG）

【キニ列車は往く】隅田川貨物駅といわき駅を結ぶ気動車による小荷物列車はつとに有名になっていたが、国鉄の鉄道小荷物廃止で1986（昭和61）年に姿を消した。手前からキニ55形＋キニ58形。◎取手～天王台間　1982（昭和57）年8月19日　撮影：森嶋孝司（RGG）

【常磐線に残った103系1000番代車】千代田線直通乗れ入れ用の103系1000番代車は、203系と交代後は各線に散り、常磐線に残った車両は順次上野〜取手間の快速用になった。塗色も順次エメラルドグリーンに改められていった。◎天王台〜取手間　1986（昭和61）年6月12日　撮影：荒川好夫（RGG）

【利根川の大橋梁を渡る103系快速電車】常磐線は天王台〜取手間で利根川を渡る。取手までの複々線化後は上野発着の各停は快速電車となり、103系が主流だったが、後にE231系0番代車と交代した。103系時代からラッシュ時には15両編成となり、両開扉60枚がズラリ並ぶさまは壮観。◎取手〜天王台間 1986 (昭和61) 年5月
撮影：安田就視

『我孫子市史』に登場する常磐線

　現在の我孫子市域を通っている常磐線は、明治29年12月25日、日本鉄道土浦線として開通した。開通当日の各停車場では、アーチをつくり、国旗を掲げ、花火を揚げて盛大に開通を祝った。最初の列車は、上野を発車して田端に到着し、ここで機関車を最後部につけ替え南千住駅へと向かった。そして隅田川の鉄橋を渡って北千住駅に至り、中川・江戸川の２つの鉄橋を渡って松戸・柏・我孫子駅、そして利根川の長橋を渡って取手駅に到着した。所要時間は１時間38分であるが、田端での機関車のつけ替えに手間取り、10数分遅れての到着であった。取手駅の開通式には県官や議員、町村長や工事関係者などが招かれ、余興に楽隊の演奏や神楽なども催され盛大の祝賀行事が行われた。

　日本鉄道土浦線は、明治26年８月、日本鉄道東北線の川口近辺を起点に、鳩ヶ谷・草加（埼玉県）を経、柏・我孫子・取手などを経由して、友部で水戸線、水戸で常磐線に接続する路線として申請された。日本鉄道は半官半民の会社で、国策に沿った鉄道路線の建設を進めていた。日本鉄道は、小山（栃木県）～水戸（茨城県）までの水戸線を水戸鉄道から買収し、さらに水戸～平（福島県）～岩沼（宮城県）の常磐線の建設を計画していた。これは陸前浜街道に沿った鉄道計画で、常磐炭鉱の石炭や東北からの物資を東京に輸送する路線の確保をめざしたものであった。土浦線は、水戸から東京までのルートとして申請された。しかし翌年２月に交付された仮免許には、この路線は将来常磐線と連絡して東京と東北を結ぶ重要な位置を占めることから、上野から北千住にいたり、流山付近を経て石岡から水戸にいたる直線ルートを検討するようにと指示されていた。土浦から友部まではほぼ直線であるが、川口を起点とすると手賀沼や牛久沼を避けた曲線ルートになってしまう。このようなルートは、利根川をはじめとする複数の河川を越えなければならないことを考慮して作成されたものと考えられるが、明治27年11月の本免許では、隅田川を起点に南千住・松戸を経て土浦にいたるルートに変更となった。上野までは、最終的に千住～田端間のルートを申請し、田端経由で上野へといたる路線になった。このように、土浦線のルートは地元の意向とは関係なく、技術的に可能なかぎりの直線ルートを検討して決定されたのである。

　土浦から友部までのルートは、平坦な直線ルートであるため工事も容易で、１年後の明治28年11月には開通を見ていた。日本鉄道は、すでに水戸鉄道の小山～水戸間を買収しており、これで土浦～水戸間が開通したことになる。しかし隅田川・中川・江戸川、それに有数の大河川である利根川の鉄橋工事に時間を要し、ようやく１年後の開通にこぎつけたのである。ちなみに水戸以北が平（福島県）を経由して岩沼（宮城県）まで開通するのは明治31年である。

　もともと停車場の設置が決定していたのは取手・土浦・友部の３駅であり、それ以外は未定であった。松戸・柏・我孫子に停車場が設置されているのは、それぞれが誘致した結果であるが、我孫子駅の設置については、我孫子町長となる飯泉喜雄が停車場用地を無償提供するなど、私財を投じた積極的な活動があった（逆井万吉「我孫子駅開業と飯泉喜雄」『市史研究』第10号）。我孫子の発展に大きく寄与した我孫子駅の開設は、常磐線の開通だけでなく、成田線開通ともかかわっている。

【取手駅で上野に折返す103系快速電車】上野〜取手間の103系普通電車は複々線化後、快速となったが、直流方式の車両のため、当駅で折返す。停車駅は取手〜天王台・我孫子・柏・松戸・北千住・南千住・三河島・日暮里〜上野で、取手以北からの「中電」と同じ。現在はどちらも上野東京ラインへの乗入れにより品川発着列車が増えている。◎取手駅 1982（昭和57）年8月 撮影：安田就視

【青緑の103系、一時代を築く】1967（昭和42）年以降、常磐線の通勤型は103系の時代が続いた。混雑度が増すにつれ、両数も増え続けた。1988（昭和63）年3月から15両編成も運転開始され、103系は頂点を迎えている。しかし2002（平成14）年3月から後継のE231系0番代車の投入が始まり、103系は2006（平成18）年3月に定期運行が終了となった。◎取手〜天王台間 1986（昭和61）年6月12日 撮影：荒川好夫（RGG）

【取手駅】現在のような駅ビル「ボックスヒル」が誕生する前の取手駅の東口駅舎である。取手駅は1896(明治29)年12月、日本鉄道時代に開業した常磐線の主要駅のひとつで、下館方面に向かう関東鉄道常総線と連絡している。◎1981(昭和56)年9月27日 撮影:荒川好夫(RGG)

【取手駅】取手駅は、駅の南北で直流と交流の電化方式が異なり、当駅と藤代駅との間にデッドセクションが存在する。また、駅の構造も東西で橋上駅と高架駅に分かれる形になっている。この西口駅前のすぐ北側には、著名な自転車競技(競輪)選手を多く輩出してきた、茨城県立取手第一高校が存在する。◎1982(昭和57)年 撮影:安田就視

昭和36年10月改正の常磐線時刻表①

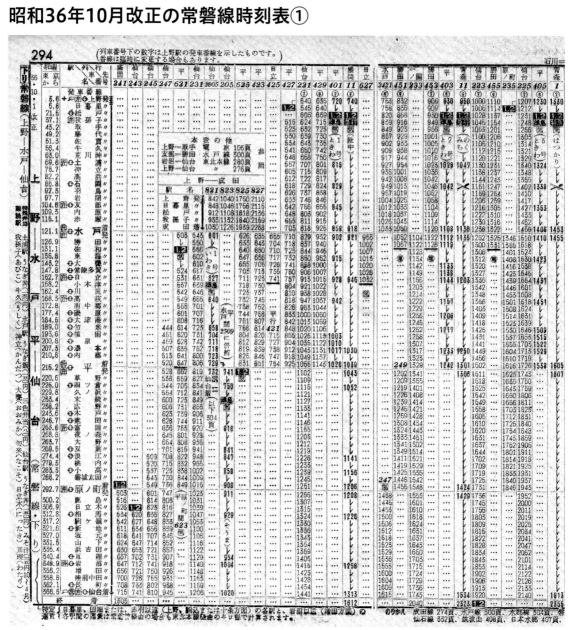

常磐線の優等列車「はつかり」「みちのく」は東北本線の短絡優先の主旨が強く出ており、青森の終着時刻は青函連絡船の時刻に合せてある。仙台以北の盛岡行き列車も東北本線北部への速達サービスの一つであった。上野〜勝田間は電化により客車列車の電車化が始まっているが、まだ本数は少ない。長距離鈍行列車が多いのは当時の東北本線、常磐線の特色で、高度成長の前には乗り通す利用客も多かったのである。

2章
藤代〜水戸
〜北関東の肥沃な田園地帯と中堅都市〜

取手〜藤代間の交流・直流セクションを通過すると、常磐線は交流電化区間に入る。車窓には茨城県南部の開け行く景色が広がって、関東らしい広大な平野に都市化の波が押寄せていることを実感する。丘陵地帯をいくつか越えると拠点の一つ土浦を過ぎ、丘陵をいくつか越えて石岡、友部を過ぎると県都の水戸に着く。

【C6220が牽引する「はつかり」の雄姿】旅客機最大級のC62形が青い車体、9両編成のスハ44系客車列車「はつかり」を牽いて北に向う。汽車の旅の楽しさが伝わってくる。◎所蔵：フォト・パブリッシング

【新系列車両E501系】常磐線取手以北の通勤車両改善のため1995〜97(平成7〜9)年に投入された新系列車両で、直流209系の交直流両用車版。上野から取手以北への直通用としてスタートしたが、E531系の登場で基本の10連は土浦〜水戸〜いわき〜草野間、付属の5連は水戸線で使用された。水戸線からは撤退し、常磐線ではいわき〜富岡間で使用中。◎取手〜藤代　1996(平成8)年　撮影：小川峯生

【藤代駅】小貝川が流れる藤代の地は、豊かな水田が広がる農村地帯であったが、かつては度々、洪水に見舞われる場所でもあった。日本鉄道(現・常磐線)の藤代駅が開業したのは1896(明治29)年12月。その後は駅付近で軽工業も発達した。駅舎は1960(昭和35)年11月に改築された後、1987(昭和62)年3月に現在の橋上駅舎に変わった。◎1960年代　撮影：山田虎雄

【特別料金不要の2階建て電車、クハ415－1901号】試験的に建造された車両とはいえ、長距離通勤客の多い常磐線にあっては干天の慈雨？のごとき1両だった。その人気は高く、あえて乗車する人が後を絶たなかった。しかしE531系の時代に入ると、15年間の試用の後2006（平成18）年にあっさり廃車となった。◎取手〜藤代間　1991（平成3）年6月12日　撮影：松本正敏（RGG）

【485系1000番代の特急「ひたち」】塗装は国鉄カラーを改めたもののうちの一つ。開放的で明るいが、どの沿線風景にも似合っていた国鉄のクリーム／赤の塗分けのイメージが強く残っているだけに、新色の設定は難しかったようだ。いずれも苦心の跡が感じられたものだ。◎藤代〜取手間　1994（平成6）年4月15日　撮影：松本正人（RGG）

【651系「スーパーひたち」とE653系「フレッシュひたち」】
1987(昭和62)年のJR発足直後に登場した⊛651系「スーパーひたち」と、1997(平成9)年から投入された⊛E653系「フレッシュひたち」のすれ違いの一瞬。共に新幹線の通らない常磐線を代表する列車であった。◎佐貫〜牛久間 2005(平成17)年8月14日　撮影:米村博行(RGG)

【旧「万博中央駅」跡を通過するEF81形牽引の貨物列車】1985（昭和60）年3月17日～9月16日に開催された「国際科学技術博覧会」（つくば万博）のために、牛久～荒川沖間に開設された臨時「万博中央駅」の跡地を通過中の場面である。跨線橋のみ残してあったが、新駅開設でこの場所に1998（平成10）年3月14日に「ひたち野うしく駅」が開業した。◎牛久～荒川沖間　1991（平成3）年4月　撮影：安田就視

【南茨城の野を駆け抜ける455系急行「もりおか」】常磐線経由で仙台以北へ直行する昼行急行として、人気のある列車だったが、1982（昭和57）年の東北新幹線開業により消えていった。11両編成で、うち4両が勝田止り、7両が盛岡まで直行していた。◎牛久～荒川沖間　1971（昭和46）年2月　撮影：天野和夫（RGG）

【ボンネット王国・常磐線を築いた485系①】 常磐線の特急といえばこの顔立ちが定着していた。東日本では他線区のボンネット型が減少し、常に見られる存在ではなくなっていたことにもよるが、時代の進展で一種の懐かしさを満たしてくれる列車になっていたことは確か。近寄ってみると長い旅路の疲れが目立つようにはなっていたが。
◎牛久〜佐貫間　1985（昭和60）年4月24日　撮影：高木英二（RGG）

【ボンネット王国・常磐線を築いた485系②】常磐線にボンネット型のクハ481形が集められたことが王国の礎となった。他線区では千葉方面を除き比較的早くボンネット型の特急が姿を消したが、常磐線ではかなり後まで現役を通して、「いつでも見られる常磐線」という時期が長く続いた。◎牛久〜佐貫間　1985（昭和60）年2月24日　撮影：高木英二（RGG）

【荒川沖駅】所在地は土浦市であるが、阿見町を挟んだ東側の美浦村には、JRA（日本中央競馬会）の美浦トレーニングセンターが存在するため、この駅からタクシーを利用する競馬関係者もいる。開業は1896（明治29）年12月で、駅の構造は相対式ホーム2面2線の地上駅。1978（昭和53）年2月に橋上駅舎が完成した。◎1976（昭和51）年　撮影：山田虎雄

【牛久駅】地上駅舎時代の牛久駅は、長く続く大屋根の下に看板を掲げた小さな屋根を備え、駅前には布団の店と自販機が並んでいた。駅舎は1984（昭和59）年7月に橋上化されて、1996（平成8）年3月には西口にミニ駅ビル「アステア」が開業した。駅の構造は相対式ホーム2面2線の地上駅である。◎1982（昭和57）年6月　撮影：安田就視

【気動車や寝台車も駆り出された「エキスポライナー」】1985（昭和60）年3月17日〜9月16日まで、常磐線牛久〜荒川沖間で開催された「国際科学技術博覧会」（つくば万博）のため万博中央駅（臨時）が開設され、快速運転の「エキスポライナー」が多数運転された。藤代の直流・交流切替え箇所があるため、使用された車両は常磐線の近郊型、急行型電車のほか、上野、我孫子、取手、大宮からのキハ58系気動車や、12、20系客車、583系特急寝台電車などが使用された（折返しと夜間留置は土浦駅）。◎キハ58系エキスポライナー　牛久〜佐貫間　1985（昭和60）年9月6日　撮影：荒川好夫（RGG）

【万博中央駅】1985（昭和60）年に開催された国際科学技術博覧会（つくば万博）の玄関口として、同年3月14日に牛久〜荒川沖間に臨時駅として万博中央駅が開業し、博覧会を訪れる多くの人々が利用した。これは記念グッズが並ぶ、当時の駅の賑わいの様子である。地元では存続の願いが出されたものの、9月16日の万博閉幕日に営業を終了した。
◎1985（昭和60）年9月10日　撮影：安田就視

【キハ58形による長大気動車急行「ときわ」+「奥久慈」】「ときわ」は1958〜85（昭和33〜60）年に常磐線上野〜平（→いわき）間を主体に運行していた急行で、上野〜水戸間で水郡線の上野直通急行「奥久慈」を併結していた。そのため全盛期には常磐線内では「ときわ」8両+「奥久慈」4両の長大な編成も見られた。◎荒川沖〜牛久間 1971（昭和46）年2月 撮影：天野和夫（RGG）

【常磐線の旅客、貨物列車を牽引した電機の1期生EF80形】 常磐線の交流電化に合せて1962〜67(昭和37〜42)年に交直両用電機として63両が新製投入された。1〜30、59〜63号機が客車牽引用、31〜58号機が貨車牽引用と分かれていた。後継機EF81形の投入により1986(昭和61)年までに廃車となった。◎EF8019 荒川沖〜牛久間 1971(昭和46)年2月 撮影:天野和夫(RGG)

【茨城南部の春景色と国鉄カラーの485系特急「ひたち」】
常磐線の車窓からは、海がほとんど見えなくても田園風景は美しい。開発は進んでいるが、自然の山河や美しく手入れされた耕作地が広がる。旧国鉄の特急カラーもごく自然に風景に溶け込んでいて、不自然さを感じさせない路線の一つである。◎土浦〜荒川沖間　1991（平成3）年4月　撮影：安田就視

【土浦駅】霞ヶ浦に面した茨城県南部の中心都市であり、江戸時代には土浦藩土屋氏の城下町であった土浦市。その玄関口である土浦駅は1895(明治28)年11月に開業している。この時代も各地から集まる路線バスや客待ちをするタクシーなどで、駅前広場はかなりの賑わいを見せていた。◎1971(昭和46)年　撮影：荻原二郎

【土浦駅】土浦駅は1983(昭和58)年2月に三代目となる橋上駅舎が完成し、西口側に駅ビル「WING」が誕生した。駅ビル「WING」は2008(平成20)年7月に営業を終了した。その後は「止り木」という意味をもつ「ペルチ土浦」を経て、現在はサイクリング拠点や駐輪場がある「プレイアトレ土浦」がオープンしている。◎1985(昭和60)年9月6日　撮影：荒川好夫(RGG)

土浦駅周辺（1982年）

土浦駅の西口側は、駅前から北西側に向かう形で国道125号が通っている。この先には亀城公園があり、国道354号と出合うことになる。大きなロゴのある塔で営業していた丸井土浦店は2004（平成16）年に閉店し、現在はアミューズメントビル「ぷらっと」に変わっている。一方、駅前には2015（平成27）年に土浦市役所が移転してきた。◎撮影：朝日新聞社

【土浦駅前】霞ヶ浦に面した茨城県南部の中心都市であり、江戸時代には土浦藩土屋氏の城下町であった土浦市。その玄関口である土浦駅は１８９５（明治２８）年１１月に開業している。この時代も各地から集まる路線バスや客待ちをするタクシーなどで、駅前広場はかなりの賑わいを見せていた。◎1982（昭和57）年　撮影：安田就視

『土浦市史』に登場する常磐線

　明治5年新橋・横浜間に鉄道が開通してから13年めの明治18年、日本鉄道会社線の大宮・宇都宮間が開通（東北本線）すると、県内にも鉄道敷設の議が起り、明治20年1月19日、水戸より小山に達する鉄道路線を敷設して、日本鉄道会社線に連絡する水戸鉄道会社創立請願書が首相伊藤博文宛に提出された。しかし、この請願書には水戸・小山間の路線についての具体的な計画案がなかったため、路線をめぐって水戸から笠間・下館・結城を経て小山に至る北線案と、水戸から石岡・土浦・下妻を経て小山に至る南線案の二案が提起されてするどく対立した。こうしたなかで、北線案有利説が流布すると、南線案を支持する新治郡石岡・土浦等県南の有志は、色川三郎兵衛・村田宗右衛門・笹目八郎兵衛・金子源兵衛を創設委員にえらび、同年4月常総鉄道会社創立を請願した。そのため南北2線問題は複雑な政治問題に発展したので、県知事安田定則は路線決定を鉄道局に一任した。依頼をうけた鉄道局は実測の結果を参酌して、南線に比較して北線は11哩余短いこと、そのため敷設工事もおよそ30万円が節約できること、しかも南部には水運の便があることを理由に北線決定を勧告した。同年5月6日南線案を支持する南部13郡の有志数10名は土浦に集会、5月8日には常総10数郡の有志100数10名が下妻常総倶楽部に会合して鉄道評議会を開き、南北2線の利害得失を審議討論した結果、全会一致の意見をもって南線を可とする結論をだし、北線決定説に強硬に反対した。しかし、工事の難易が決め手となり常総鉄道会社創立請願は却下されて北線敷

設が正式に決定、土浦地方の鉄道敷設は当分見送りとなった。
　明治22年1月16日水戸・小山間が開通、明治25年3月1日水戸鉄道会社が日本鉄道会社に合併された。この頃、我が国では、近代資本主義が確立し産業革命が進展していった。そのため、県北の常磐炭砿の石炭が京浜工業地帯のエネルギー源として注目されると、明治26年この石炭を東京へ運送する鉄道路線の敷設が日本鉄道会社によって進められた。路線は日暮里から取手・龍ヶ崎・土浦・石岡・友部・水戸を経て岩沼に至るもので、土浦は田中町附近（土浦二高附近）に停車場が予定された。ここで色川三郎兵衛は、この鉄道路線を堤防にも利用し霞ヶ浦の水害を防止することを建議し、当初の停車場田中案を変更することに成功して現在の路線が決定した。明治27年11月工事着手、1年後の明治28年11月4日に土浦・友部間約35キロメートル、明治29年12月15日土浦・田端間約65キロメートルが開通し、東京・水戸間が連絡、ついで明治31年8月水戸・岩沼間が全通し、日本鉄道海岸線と呼ばれた。明治39年10月1日軍事上の要請で鉄道国有法が施行されると、日本鉄道海岸線も国有となり常磐線と改称された。
　開通当初の土浦駅舎は中城町から1キロメートルも離れた埋立地に建てられた。間口6間・奥行3間・建坪18坪の小じんまりとした建物で、半分が駅事務室になっていた。輸送の中心は貨物で、機関車の航続力の関係上土浦駅に機関車が置かれ、給水・給炭の中継地となった。土浦・上野間の運転時間は開通当初3時間、運賃51銭と記録されている。明治32年から駅構内で説田良三郎が当局の許可を得て駅弁販売を開始した。竹皮包で、なかに梅干・紫蘇の実が入った握飯が10銭・寿司10銭・氷水2銭とある。以後土浦駅は交通・運輸の中心となり、土浦地方発展に大きな影響をあたえた。

【霞ヶ浦至近の水田地帯を横断する特急】関東平野の多くは7万年前まで海だった所で、陸地化した後も縄文時代の海進により再び海底に沈んだ地域が多かった。霞ヶ浦はその名残の海跡湖であり、沿岸の高浜、神立などの平地は霞ヶ浦沿岸の沖積地である。そのため常磐線建設の当時には軟弱地盤に泣かされた地点だった。現在は美しい水田地帯になっていて、車窓や駅からその美景が堪能できる。◎高浜〜神立間　1992(平成4)年9月　撮影：安田就視

【霞ヶ浦と筑波山と「スーパーひたち」】常磐線が霞ヶ浦に近寄り、北方には筑波山が最もよく見える区間を651系「スーパーひたち」が快走する。渡る川は霞ヶ浦に流れ込む恋瀬川。水面は葦で見えにくいが、おっとりした流れの川だ。野も丘も流れも大らかに展開するのも常磐線の特徴の一つ。◎高浜〜神立間　1991(平成3)年4月　撮影：安田就視

【穀倉地帯で光る近郊型401系シリーズ】元の「赤電」が、つくば科学万博を機に白/青帯に変り、都会的なセンスになった。当時、田園地帯に「白電」は似合うまいという声もあったが、案外早く沿線風景に溶け込んだようだ。現在のE531系も白をステンレスに変えた色調で、精彩を放っている。◎高浜〜神立間 1992（平成4）年9月 撮影：安田就視

【485系の昼行特急「ひたち」の通過】
上の写真と同一地点での撮影。夜行列車用の「青」と、昼行列車用の「赤」のコントラストが美しく、どちらも国鉄ご自慢の汎用カラーリングであったことがわかる。「ひたち」は多分にビジネス特急、通勤特急の性格を備えていて、この当時は短絡列車として一段進歩した651系の「スーパーひたち」に主軸が移りつつあった。◎石岡〜高浜間　1991（平成3）年6月12日　撮影：荒川好夫

【583系寝台特急「ゆうづる」、早朝の通過】常磐線経由の上野～青森間寝台特急「ゆうづる」は、1965（昭和40）年10月に誕生。1968年以降は客車と583系寝台電車の併用で7往復まで増えたが、1980年代に入ると減便の歴史となり、1988（昭和63）年以降は583系だけの列車となっていた。1994（平成6）年に廃止となった。◎石岡～高浜間 1991（平成3）年6月12日　撮影：松本正敏（RGG）

【石岡駅】石岡駅は1985(明治28)年11月に開業した常磐線の古参駅である。かつては鹿島参宮鉄道(後に関東鉄道、鹿島鉄道)との連絡駅であったが、2007(平成19)年4月に鹿島鉄道鉾田線が廃止され、JRの単独駅となった。現在の駅の構造は単式、島式を組み合わせた2面3線のホームを有する橋上駅となっている。◎1966(昭和41)年5月29日　撮影：荻原二郎

【石岡駅を通過する485系特急「ひたち」】石岡駅から分岐する「鹿島鉄道」が健在の頃で、構内には同社に直通するタンク車があふれていた。同社沿線の航空自衛隊百里基地へのジェット機燃料の輸送用で、石岡駅には常に動きがあった。輸送は2001(平成13)年に終了し、鹿島鉄道は収支が悪化して2007(平成19)年4月に廃止となった。◎石岡駅構内　1982(昭和57)年6月　撮影安田就視

【石岡駅】現在は橋上駅舎が使用されている石岡駅だが、2016(平成28)年3月に橋上駅舎が完成するまでは、地上駅舎が使われていた。この西口駅前から金丸通りの標識が見える左方向に行くと、国道355号が南北に走っており、道路に近い北西に真言宗智山派の寺院、常陸国分寺と国分寺跡が存在している。◎1982(昭和57)年6月13日 撮影:高木英二(RGG)

【常磐線の一方の雄、EF81形電機】常磐線の交流電化後は、交流直流両用のEF80形が投入されたが、やがて50Hz、60Hz両用で全国の使用が可能なEF81形が主役となった。EF81形は1968〜79（昭和43〜54）に計156両を量産し、民営化後はJR東、西、九州、貨物に受継がれ、JR貨物ではさらに増備を行った。徐々に廃車が進んでいるが、まだまだ眼にする機会は多い。◎羽鳥〜石岡間　2000（平成12）年4月
撮影：安田就視

『石岡市史』に登場する常磐線

　明治28年（1895）11月、日本鉄道によって、当時土浦線と呼ばれた友部ー土浦間の鉄道が開通し、現在の石岡市域にも石岡駅、高浜駅が開設された。その後、明治29年12月には土浦ー田端が開通、明治22年以来開通していた水戸ー小山間の水戸線につながって、東京ー水戸間の最短経路が完成した。水戸以北では明治30年2月に磐城線と呼ばれた水戸ー平間が開通、平以北も短区間での開業をくりかえしたのち、明治31年8月には田端ー岩沼間が全通した。そして、明治34年11月には、これら土浦線、磐城線、水戸線の一部が統括されて、現在の常磐線の前身である日本鉄道海岸線となった。さらに明治39年（1906）の鉄道国有法によって日本鉄道が国有化され、明治42年には鉄道院総裁達54号によって常磐線（日暮里ー岩沼間）と改名されたのである。

　この常磐線敷設の主な目的は、東京への石炭供給地としての常磐炭田の開発におかれていた。『日本国有鉄道百年史』は、この間の事情とその後の建設経過を次のように述べている。

　常磐炭坑地帯の石炭は、それまでおもに海上輸送にたよっていた。しかし、鉄道によってより能率的に輸送すればさらに効果をあげうるという要請のもとに、土浦線、磐城線および隅田川線が建設された。それまでにも、東京と水戸を結ぶ経路は日本鉄道小山駅から分岐し、水戸市に至る水戸鉄道会社線（68.1キロ）があり、明治25年3月1日、日本鉄道会社はこれを買収したが、しかしこの経路は相当の迂回路となり、ことに常磐炭坑の開発が

【ひたすら走るE653系の特急「フレッシュひたち」(赤版)】485系の老朽化に伴い、速達型の「スーパーひたち」に対して停車型の「ひたち」にはE653系が投入され、「フレッシュひたち」として活躍を始めた。編成によってカラーを変え、乗り心地も快適で好評だった。但し、E657系の導入により羽越本線ほかに転出していった。◎羽鳥〜石岡　2000(平成12)8月1日　撮影：安田就視

進み、また磐城線の建設が具体化するに伴い、日本鉄道会社は磐城線と連絡、その石炭を主要消費地東京に直結する鉄道を計画したのである。26年7月31日の株主総会は、水戸・岩沼間鉄道とともに川口から水戸に連絡する96.6キロの鉄道建設を決定、8月5日ともに仮免許を出願した。この出願は川口駅から分岐し、流山、根戸(柏)、我孫子、牛久、土浦、石岡を経て内原で水戸線に接続という、建設費220万円の計画であった。これに対し明治27年2月15日仮免状が下付された。翌16日松本鉄道局長から、この鉄道は他日磐城線と連絡し、東北地方の運輸交通上重要なものである。図面によると相当迂回となり、上野から流山近傍に達し、石岡から直接水戸に至る短路線もあるようだから比較調査のうえ出願するようにという指示がよせられた。工事責任者の土浦磐城線建築事務主任長谷川謹介は指示の経路を調査し、その結果、上野から松戸、根戸、土浦を経て友部に至る鉄道に変更することとし、7月28日、上野から根戸経由、水戸に至る鉄道として免許状の下付を出願した。ただし、同月6日、隅田川線(田端・千住町間)の仮免状下付申請がなされたので、土浦線は重複を避けるため隅田川線の南千住から友部までの区間とされた……政府は27年11月2日、土浦、隅田川、磐城の3線の免許状を下付した。この免許により27年11月中旬、まず土浦・友部間の土工に着手、その後全線にわたって着工した。この区間は平坦で、工事は順調に進み、28年11月4日友部・土浦間35キロ、29年12月25日田端・土浦間(隅田川線田端・南千住間を含む)64.3キロが開通し、東京(田端)・水戸間を通ずることができた……なおこの線区が上野駅を起点とするためには、日暮里・三河島間の線路が敷設され、両駅が開設される38年4月1日まで待ねばならず、それまでは田端を終端駅としていた。

【岩間駅】茨城百景のひとつで、愛宕神社が鎮座し、桜の名所として有名な愛宕山の東に位置している岩間駅。かつては西茨城郡岩間町の玄関口であったが、現在は合併されて笠間市の駅となっている。1895(明治28)年11月の開業以来、長く地上駅舎であったが、2012(平成24)年7月に橋上駅舎に変わり、東西自由通路が設けられた。◎1982(昭和57)年6月　撮影：安田就視

【友部駅】1895(明治28)年7月、日本鉄道(現・JR)水戸線の駅として開業し、11月に土浦線(現・常磐線)との接続駅となった。1955(昭和30)年1月、宍戸町、大原村、北川根村が合併して成立した友部町の玄関口であったが、2006(平成18)年3月、笠間市、岩間町との合併により、笠間市の駅に変わった。◎1982(昭和57)年6月　撮影：安田就視

【普通列車を牽引するEF81 97号機】常磐線の電気機関車は交流電化後、EF80形交直両用機が主力となっていたが、1982（昭和57）年からEF81形の投入が始まり、順次置き換えていった。時は流れて廃車も進み、2019（令和1）年上期現在では田端車両センターの7両のうちのいずれかが常磐線に顔を見せる。写真の97号機は健在である。◎友部〜内原間　1982（昭和57）年6月13日　撮影：高木英二（RGG）

【内原操車場跡を見つつ走る気動車急行「ときわ＋奥久慈」】上り列車が内原駅を出ると上下線の線路が大きく開いて、写真の当時は左側に広大な原野が広がっていた。ここは1944～48（昭和19～23）年の間「内原操車場」となっていた土地で、現在はJR野球場、系列の日本レストランエンタプライズの農場、および常磐線の内原電留線、太陽光発電所などが利用している。
◎内原～友部間　1982（昭和57）6月13日　撮影：高木英二

【401系更新車のアンチクライマー（緩衝器）とスカート（排障板）】直流交流を問わず、JR東では発足直後から通勤型、近郊型電車の車体更新を開始して、車体の内外が綺麗になった。安全対策にも留意して、前面の外板を厚くしたうえ、車体下部に緩衝器（アンチクライマー）と排除板（スカート）を取付けた。共に頑丈そうで、乗客に安心感を与えたようだ。◎内原〜赤塚間　1995（平成7）年10月20日
撮影：松本正敏（RGG）

【常磐線の顔だった651系「スーパーひたち」】
常磐線の顔として1988〜2013（昭和63〜平成25）年の間、華やかな時期を送ったが、E657系の登場による退役後は高崎線、吾妻線、東海道本線などに転出して活躍を続けている。
◎内原〜赤塚間　1992（平成4）年4月17日
撮影：松本正敏（RGG）

【水戸に向って進む415系1500番代ステンレス車】直流路線の211系とウリ二つの造りで、常磐線に新風をもたらしたが、惜しむらくはロングシート車のみだったこと。東京圏の通勤事情の厳しさは田園地帯まで巻込んでしまったようだ。◎内原～赤塚間　1995(平成7)年10月20日　撮影：松本正敏(RGG)

【坦々とした平野を進む「フレッシュひたち」(緑版)】水戸郊外に出て上野に向う「フレッシュひたち」の緑版。基本と付属で別の色となるが、それもまた色気があって、美しく見えた。E653系はどのような背景でもフレッシュな印象を与えていた。
◎赤塚〜内原間　2000(平成12) 8月1日　撮影：安田就視

【水戸近郊の田園地帯と415系普通電車】水戸駅を発車して中心街の台地の裾を進み、偕楽園駅（臨時駅）を過ぎて台地上に上りつめると平坦地に出て、市街地化が著しい赤塚駅に着く。同駅を出ると水戸近郊の田園地帯をひた走る。現在はE531系の独擅場となっている。◎赤塚〜内原間　2000（平成12）年8月　撮影：安田就視

【「フレッシュひたち」E653系の新鮮な輝き（オレンジ版）】特急車両は、651系に続いてE653系72両が1997〜2005（平成9〜17）年に登場した。停車タイプの「フレッシュひたち」専用で、7連の基本編成には窓下に青、黄、緑、付属の4連にはオレンジが塗られ、新鮮さと鮮明さを誇示した。しかしE657系の登場で2013（平成25）年に常磐線での定期運用を終え、新潟地区と羽越本線用に転出した。◎偕楽園（臨時駅）付近　2001（平成13）年3月16日　撮影：安田就視

【偕楽園駅（臨時駅）付近からの眺め】水戸の春は偕楽園の観梅から―。常磐線の臨時駅「偕楽園」は忙しくなる。右上が偕楽園、左下に少し降りると千波湖が広がっている。常磐線のほとんどの形式が美景の中で見られるのも楽しい。◎偕楽園（臨時駅）付近　2001（平成13）年3月16日　撮影：安田就視

【千波湖畔を駆け抜ける583系寝台特急「みちのく」】「みちのく」という名の常磐線経由上野～青森間の急行列車は1950 (昭和25) 年に誕生し、1968 (昭和43) 年に「十和田1号」となっていた。1972 (昭和47) 年に十和田1号が583系寝台特急の「みちのく」として再登場、好評だったが1982 (昭和57) 年に廃止となった。千波湖の背後は台地上にある水戸市の中心部。◎水戸～偕楽園 (臨時駅) 間 1975 (昭和50) 年3月7日 撮影:荒川好夫 (RGG)

【水戸駅】茨城県の県庁所在地、水戸市の玄関口である水戸駅は1889（明治22）年1月、水戸鉄道の駅として開業している。その後、太田鉄道（現・水郡線）や水浜電車（後の茨城交通水浜線）、鹿島臨海鉄道大洗鹿島線が開通し、駅周辺は大いに賑わいを見せてきた。これは北口の駅ビル誕生前、水戸駅観光デパートがあった頃の姿である。◎1982（昭和57）年11月3日　撮影：荒川好夫（RGG）

水戸駅周辺 （1978年）

右奥には那珂川の流れが見え、中央付近を常磐線、水郡線が通っている。左手に広がるのは水戸駅であり、1985 （昭和60）年に竣工する駅ビル「EXCEL（エクセル）」が生まれる姿である。駅の北側は水戸城があった水戸市三の丸で、水戸第一高校、水戸第三高校などの学校が並び、旧弘道館や弘道館公園があるほか、茨城県立図書館も存在する。◎撮影：朝日新聞社

昭和36年10月改正の常磐線時刻表②

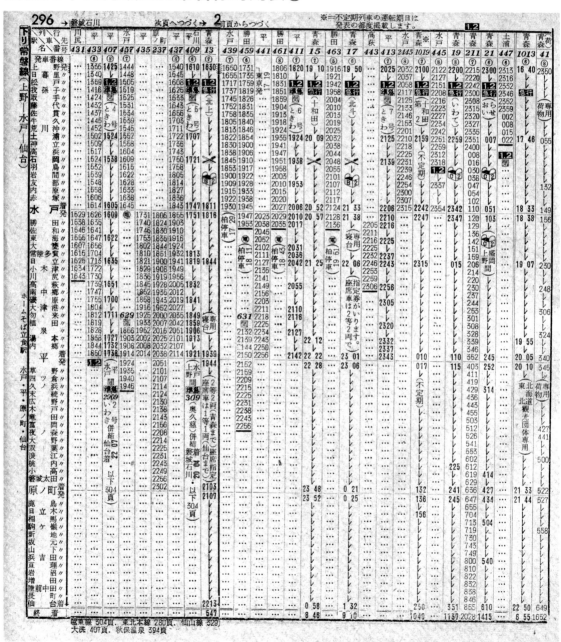

18時以降になると上野発の夜行列車が次々と北へ向って出発していく。昼行と同様、「北上」「十和田」「北斗」「いわて」「おいらせ」等の急行は仙台以北への速達、北海道連絡の任務があり、短絡列車となっている。線内の準急は平（現・いわき）で大きな段落しがあり、以北との輸送量の差を物語っている。また、水戸～平間には常磐炭田、日立の工場などが集まっており、すでに一大産業圏とその通勤圏を築いていることもわかる。

3章
勝田〜仙台
〜南東北の旧炭鉱地帯を経て杜の都へ〜

北茨城の農業地帯を過ぎると東海村の原発、原研の近くを進み、日立製作所の企業城下町を通り抜ける。福島県中通りに出るとかつての常磐炭鉱の中心地・内郷、いわきに着く。ここから単線になって浜通りを北上し、原ノ町、相馬を経て終着岩沼に着く。常磐線の列車はすべて仙台発着なので東北本線に乗入れて、やがて東北最大の都市・仙台駅に到着して旅が終る。

【C6012牽引の普通列車】大型機揃いの常磐線にはC60形(1953年以降、C59形の軸重軽減改造機)も配置されていた。東北本線盛岡〜青森間ではC62形牽引の「はつかり」の前補機も務めていた。◎広野　1964(昭和39)年5月10日　撮影：小川峯生

【一路上野への長旅に立つ401系普通電車】常磐線の中距離電車は長距離運転の普通運用が多く、特急、急行に伍して根気よく走り続けてきた。ちなみに勝田〜日暮里間は121.1km、勝田〜上野間は123.3kmである。◎勝田駅　1961（昭和36）年12月3日　撮影：荻原二郎

【東海駅】1898（明治31）年4月、日本鉄道の駅として開業した石神駅は1957（昭和32）年4月、東海駅と駅名を改称した。その2年前（1955年）、石神村は村松村と合併して、東海村が誕生し、1957年に日本原子力研究所（当時）東海研究所が設置され、その後に日本原子力発電の東海発電所などが開設された。◎1982（昭和57）年6月　撮影：安田就視

【勝田駅】品川駅・上野駅を発着して常磐線を走る列車の多くが、この勝田駅を目指すことになる。駅の開業は常磐線の中では比較的遅く、1910(明治43)年3月で、1913(大正2)年12月には、湊鉄道(現・ひたちなか海浜鉄道)湊線が開業して連絡駅となった。駅舎は2002(平成14)年7月に橋上駅舎に変わっている。◎1966(昭和41)年 撮影:荻原二郎

『日立市史』に登場する常磐線

　明治30年2月25日、「其の迅きこと雷の如し」と形容された「鉄輪」が、多賀海岸を走った（いわき市平の旧城址に立つ、野口勝一撰文「鉄道記念碑」）。常磐線の開通である。この日、各地では花火が打ち上げられ、住民は手に手に日の丸の小旗を打ち振って、列車の「往くを送り来るを迎え」、夜は夜とて提灯行列で喜び祝ったという。

　はじめ常磐線は、石炭資本を背景とした福島県政財界の実力者白井遠平が設立を計画したものである。白井は、明治22年1月の小山―水戸間の水戸鉄道の開業を機に、これと磐城平を結ぶ鉄道を企図した。白井のねらいは、海上輸送に頼っていた常磐炭の安全かつ安定した京浜地区への輸送・供給にあった。この年の6月、上京した白井は、浅野総一郎、渋沢栄一、川崎八郎右衛門ら中央財界の有力者を説き、その賛同を得るや、常磐炭鉱鉄道株式会社の創立を企て、10月、常磐炭鉱鉄道創立趣意書および計画書を作成し、これを有志、関係町村に配った（「野口勝一日記Ⅱ」『北茨城市史』別巻6）。しかし、当時は不況のため、白井らの計画は中断された。

　明治25年、国は鉄道敷設法を公布し、幹線鉄道の敷設計画を策定した。この時、水戸から平を経て岩沼に至る鉄道は、第一期計画に漏れた。そこで、茨城、福島、宮城各県の有志は、一期線への編入を求めて請願運動を繰り返した。結果は実ることはなかったが、地域住民の鉄道敷設要望は強いものがあったのである。そのような機運の高まりを背景に、翌26年、白井は先の鉄道計画を推進するため、日本鉄道会社社長小野義真の協力を求めた。

　日本鉄道会社は、当初資本参加の計画であったが、常磐炭鉱鉄道が、敷設工事が容易であること、常磐炭田の開発が進み、輸送貨物が保障されることなどから十分に採算にあうと判断、日本鉄道の支線とする計画を提起し、白井の了承を得た。

　明治26年7月31日、日本鉄道会社は株主総会において、隅田川線（田端―千住間）、土浦線（南千住―友部間）、磐城線（水戸―岩沼間）の3線の鉄道敷設を決定し、8月5日、政府に免許を出願した。これを受けた政府は、27年11月2日、免許状を下付し、ここに常磐線の敷設は決定した（日本国有鉄道編『日本国有鉄道百年史』）。

　磐城線は、白井の計画した常磐炭鉱鉄道線を改称したものであり、隅田川線、土浦線と連結することによって上野―平間を直結させ、主要消費都市東京への常磐炭の直接流入を意図したものであった。

（中略）

　用地買収はいずれの町村においても困難をきわめたが、追々と決着をみるに至り、磐城線の工事は、全線を4工区に分け、橋本組、鹿島組、盛陽社、吉田組、稲田組などの請負で、明治28年2月に着手された。坂上村の田村禾幹は、稲田秀実、鉄伝七（大津村）、石平一郎（松原町）と共同出資の組合稲田組を設立して、日立地方の工事に参画している（『高萩市史』上）。

　工事は順調に進んだが、日立地方では、久慈川の架橋工事に対して、東小沢村民から故障の申し入れがなされた。その主張は、鉄橋建設は洪水の害を助長する、という一点にあった。久慈川のはん濫による被害を毎年のように受けていた沿岸村民が、流れを阻害する鉄橋建設に対して不安をいだいたとしても無理のないことであったろう。東小沢村民の故障がどのように決着したか、その後の経過は不明であるが、代議士大津淳一郎は、工事は会社設計どおり実施し、洪水の被害があったならば会社が損害を賠償し、同時に鉄橋をでき得る限り延長して他日の水害を防ぐべし、との仲裁案をもって斡旋の労を取ったという（明治28年8月21日付『いはらき』新聞）。

　このような経緯を経ながらも、明治30年2月初旬には水戸―平間が竣工し、冒頭に述べたように2月25日、臨時列車1往復が運転された。すでにこの時までには、隅田川線、土浦線はともに開通を見ており、磐城線の開通をもってここに上野―平間は、1本の線でつながったのである（各路線の開通状況は表2‐15参照）。

　なお、岩沼までの磐城線全線が開通するのは明治31年8月のことであり、34年11月には、磐城線は隅田川線、土浦線と一体となり、海岸線と呼ばれるようになった。明治39年3月の鉄道国有法の公布・施行によって11月には海岸線も国有化され、明治42年10月には常磐線と改称された。

下孫すぎて助川や

　常磐線開通後まもなくの明治33年、大東園南堂知足作歌・陸軍二等楽手中村林松作曲の『地理歴史・鉄道唱歌』が発売された。その一説に、「渡りて佐和や石神を過ぐれば迎ふ大甕の　左に見ゆるは真弓山　やがて来れる高鈴の其西北の山間は　寒水石の山地なり　右は海原広々と　汀に続く磯馴松　左は山々連りて　送迎に隙もなし　下孫すぎて助川や　川尻高萩いつの間に」とある。この唱歌にみるように、常磐線開通時、日立地方には大甕、下孫、助川の3つの駅が設置された。車窓に展開する日立の風景が、目に浮かぶようにうたわれている。ただ、鉱工業のまちがまったく姿をみせず、物産としては「寒水石」があげられているだけである。当時の日立地方の産業は農業中心で、寒水石の採掘以外にみるべき産業がなかったことによろう。「海水浴の旗なびく　眺め涼しき助川や　左にそびゆる煙突は　日立鉱山採鉱所」とうたわれるようになるのは、はるか後年のことで、昭和4年に『新鉄道唱歌』（鉄道省発行）ができた時である（瀬谷義彦『ひたち史余話』）。

　それはともかく、常磐線開通当時の運行状況はどのようなものであったろうか。明治31年9月発行の『汽車汽船・旅行案内』に、上野―水戸―平―岩沼―仙台間の時刻表が載っている。これによると開通直後の助川―上野間は、日に往復3便があるだけである。試みに助川駅発午前10時17分の上り列車をみると、水戸着が午前11時25分、上野着は午後4時30分とあり、助川―上野間は6時間余りを要したことになる。しかし、「往来するもの寒暑の苦を受けず、坐して山水の勝を歴覧」（「鉄道記念碑」）できる鉄道は、徒歩旅行の時代なら優に3日を要した距離をわずかな時間に短縮したのである。野口勝一はいう。「往時交通不便の境、今快輸攬勝の区となる」（「鉄道記念碑」）と。野口の感激は、また多くの人の感慨でもあったろう。

その後、明治33年には、助川―上野間の輸送力は、旅客専用車2本、旅客・貨物混合車8本、貨物専用車12本となっており、輸送力の増強をみることができる(『日本国有鉄道百年史』)。もっともこの輸送力の増強は、石炭資本の要請によったものであった。以後も日露戦争の影響により輸送力に消長はあるが、石炭輸送力増強の要請は強く、明治30年代後半から大正年間にかけて常磐線の複線化がはかられた。水戸―湯本間は大正5年から13年にかけて線路増設工事が進められ、現在みるような複線となった(『日本国有鉄道百年史』)。

【東海～大甕間を駆ける485系「ひたち」】水戸を出て勝田、東海と進んで行くと緑濃い風景のうちにも原子力発電所や研究機関が集まっており、大甕(おおみか)、常陸多賀、日立…と進むにつれて風景は「日立製作所」の城下町の様相を見せてくれる。特急「ひたち」もビジネス便の役割を果していることがわかる。◎東海～大甕間　1987(昭和62)年5月　撮影：安田就視

【大甕駅】難読地名・駅名として知られる「大甕(おおみか)」は、神と人の住む境界として「大甕」が埋められていたか、「大甕」を置いて祭祀が行われていたことに由来する。大甕神社が鎮座する地であり、かつては久慈町の小字として「大甕」の地名があったことから、日本鉄道時代の1897(明治30)年2月に大甕駅が開業した。◎1963(昭和38)年　撮影：荻原二郎

【日立駅】現在の日立市は、1939(昭和14)年9月に日立町と助川町が合併して誕生しており、常磐線の駅も1897(明治30)年2月の開業以来、助川駅と呼ばれていた。駅名は町の合併・市の誕生の翌月に日立駅と改称されている。これは1952(昭和27)年に改築された旧駅舎の姿で、現在は橋上駅舎に変わっている。◎1982(昭和57)年11月3日　撮影：荒川好夫(RGG)

【常陸多賀駅】1897(明治30)年2月に下孫駅として開業し、1939(昭和14)年10月に現駅名の常陸多賀駅となった。駅名の改称は前年の1938(昭和13)年4月、河原子町、鮎川村、国分村が合併し、多賀町が誕生したことによる。多賀町は1955(昭和30)年2月に日立市に編入されている。◎1966(昭和41)年6月12日　撮影：荻原二郎

【キハ58系気動車急行「ときわ」】元炭鉱の町だった高萩駅を出て水戸方面を目指す「ときわ」。気動車を使用するのは、水戸駅で水郡線からの「奥久慈」を併結して上野へ向うため。グリーン車も連結しているが、その隣は非冷房車。冷房化推進の過程でよく見られた情景だ。◎高萩駅~川尻(現・十王)駅間 1977(昭和52)年11月 撮影:河野豊(RGG)

【高萩駅】高萩駅は日本鉄道時代の1897（明治30）年2月に開業。かつては徳川御三家のひとつ、水戸藩の徳川斉昭が開発した古い歴史をもつ、高萩炭鉱からの専用線も存在していた。現在の駅舎は1926（大正15）年4月に改築された二代目で、1世紀近い間、高萩の街の玄関口の役割を担っている。◎1982（昭和57）年11月3日　撮影：荒川好夫（RGG）

【常磐線全通100周年記念の前面ステッカー余話】
415系の見慣れた風景だが、1998（平成10）年は常磐線の田端～岩沼間が1898（明治31）年8月23日に全通してから100周年に当たるため、全列車の前面に「100th anniversary」の小ぶりなステッカーを掲出していた。前年から貼り出す熱の入れようだった。◎南中郷～高萩間　1997（平成9）年9月11日　撮影：荒川好夫（RGG）

【実りの秋、稲穂をそよがせて快走の415系】見事な刈入れ期の田圃に沿って白い電車は駆け抜ける。このあと秋の風景や風物が続いて、冬景色に変る。太平洋岸だけに降雪は少なく、四季の移り変りが車窓から愉しめる。
◎南中郷〜高萩間　撮影年月日不詳　撮影：安田就視

【磯原駅】この磯原駅は、約1.6キロ続く砂浜が美しい磯原海水浴場の玄関口として、毎年夏には賑わいを見せてきた。また、磯原は「七つの子」「シャボン玉」などで知られる詩人、作詞家の野口雨情の出身地で、北茨城市磯原町には野口雨情記念館が建てられている。磯原駅の開業は1897（明治30）年2月である。◎1982（昭和57）年6月1日　撮影：安田就視

【常磐線北部の普通列車で活躍する401〜415系】401系に始まる3扉セミクロス席の「赤電」は、常磐線の上野〜いわき間や水戸線で活躍を続けていた。水戸線の一部列車は両毛線桐生まで直通し、人の流れにも寄与していた。1985(昭和61)年の「つくば科学万博」を契機に、近郊型は白地／青帯（ステンレス地／青帯）に変り、都会派になったぶんローカル列車の風趣は弱まった。◎磯原駅　1981(昭和56)年12月1日　撮影：安田就視

【北茨城の名勝・五浦海岸を行く485系特急「ひたち」】常磐線は国有化以前に「海岸線」と名乗っていたが、太平洋すれすれに走る区間はごく少ない。田園風景が続く中で、ハッとして眼を見張るのが北茨城・大津港駅付近の海岸風景。横山大観を育てた岡倉天心の瞑想の場「六角堂」もこの五浦海岸にある。さらに勿来(なこそ)第一トンネルを抜けるとしばし海岸風景が続く。
◎大津港〜磯原間 1986(昭和61)年5月 撮影:安田就視

【常磐線では貴重な海岸風景】前面に「100th anniversary」の小ぶりなステッカーを掲出している415系普通。100年前のこの区間は人の手も入らず、自然そのものの景観が見られたことだろう、との思いも湧き出てくる。◎大津港〜磯原間 1997(平成9)年9月11日 撮影:荒川好夫(RGG)

【常磐線の電気機関車は交直両用EF81形が主力に】常磐線は大津港駅と勿来(なこそ)駅の間で福島県に入る。その最初の駅が「勿来の関」でおなじみの勿来駅。次の植田駅との間で、海が近いためゆったり流れる鮫川を渡る。この日は折しもEF81形が牽引する貨物列車が川を渡って行った。◎1986(昭和61)年11月　撮影:安田就視

【勿来駅】勿来駅の駅名は古来、歌枕として有名な奥州の関所、勿来関に由来する。「勿来」とは現代語で「来るな」の意味、「な来そ」で、「奥州三関」のひとつとして、江戸時代以降、観光地化された。駅の開業は1897(明治30)年2月で、かつては勿来市が存在したが、1966(昭和41)年10月の合併により、いわき市の一部となった。◎1982(昭和57)年6月1日　撮影:安田就視

常磐線で出会う私鉄線

　まず出会うのが京成電鉄本線で、日暮里駅ではホームを並べていた。現在は京成が成田空港への利用客に便利なように駅を大改装したため、両社間の見通しは昔ほどではない▶次が南千住で顔を出す東京メトロ日比谷線。そのまま北千住駅まで同道し、東武・東京メトロ日比谷線の北千住駅に入る。北千住駅に集まる路線は常磐線の他に多数あるが、駅の構造が複雑で見渡すことはできない。車両を眺めるなら駅を出てすぐの荒川橋梁上が好都合だ。上流側から順に①東京メトロ千代田線、②常磐線、③つくばエクスプレス、④東武伊勢崎線(東武スカイツリーライン。複々線)の電車が鉄橋上で見られる。相互乗入れしているので、①には小田急、④には東急、東京メトロ半蔵門線、日比谷線の電車も顔を見せる▶松戸では新京成電鉄、馬橋では流鉄が見られ、柏では東武野田線(東武アーバンパークライン)と顔を合せる。野田線は大宮～船橋間の長い路線だが、柏でスイッチバックと運行上の分断があって、独特な角度で電車が眺められる。これで電車との出会いはおしまいで、取手で出会うのは非電化の関東鉄道常総線だ。東京から最も近い気動車を運行する私鉄である。佐貫から別れていくのが関東鉄道竜ケ崎線。短距離ながら市の中心部を結んでいて、スマートだ▶土浦からは関東鉄道筑波線が出ていたが、1987(昭和62)年に廃止となった。健在ならば、つくばエクスプレスとの連携や、つくば研究都市から真壁、筑波山などへの観光路線として息を吹返していたかもしれない。次は石岡から出ていた鹿島鉄道。自衛隊百里基地への貨物輸送が無くなって廃止となった。この線には味のある気動車が多く、常磐線の車窓からよく見えた▶水戸からは鹿島臨海鉄道大洗鹿島線(非電化)が鹿島サッカースタジアム駅まで通じている。かつて水戸には茨城交通水浜線が駅前に顔を見せていた。水浜線は水戸市と那珂湊(→ひたちなか市)を結ぶ路面電車で、上水戸～水戸駅前～湊間が残っていたが、1966(昭和41)年6月に廃止となった。常磐線の拠点・勝田からは、ひたちなか海浜鉄道(旧茨城交通湊線。勝田～阿字ヶ浦)が分岐している。近年人気急上昇のひたちなか海浜公園への足であり、さらに延長を求める声があがっている▶北茨城へ進むと、大甕駅で日立電鉄と出会っていたが、2005(平成17)年4月に廃止されている。常北太田～鮎川間18.1kmの路線で、常磐線に近寄ったり離れたりの線形だった。営団地下鉄銀座線の中古車が集まっていた。この先はしばらく私鉄が途絶えてしまうが、福島県に入ると泉駅から福島臨海鉄道(旧小名浜臨港鉄道)が出ている。旅客扱いは1972(昭和47)年に廃止されており、貨物専用である▶そのまま岩沼から東北本線に入り、一路仙台に向うが、かつては長町駅近くから秋保(あきう)電気鉄道という路面電車タイプの私鉄が秋保温泉に向っていた。1961(昭和36)年5月に廃止となったが、会社はバスの宮城交通に合流して生き延びている。

◎総武流山電鉄　馬橋駅付近　1981(昭和56)年6月6日

常磐線の電車の向き

　国鉄→JRの場合、東海道本線を基準として東京駅へ向う先頭車を奇数車、神戸駅へ向う先頭車を偶数車と決めたのを今も守っている。これを東京に当てはめると東海道筋から東京駅までの列車は規則どおりだが、東京駅から北、東へ向う各線の列車は、奇数車が下り先頭に立ち、偶数車が東京へ向う上り先頭に立つことになる▶旧型電車の時代には、主力の電動車(クモハ)は奇数向きに、制御車(クハ)は偶数向きに投入することが多かったので、都心に向う常磐線や総武線の上り先頭車は制御車が多く、どこか元気がなかった。新性能の電車になってからは編成単位になり、あまり奇数偶数は目立たなくなった。しかし電車の構造上、今も逆向き同士は連結できないのである▶たとえば常磐線の我孫子から成田線で成田に到着した電車は、たとえ同じ形式であっても千葉から到着した成田線の電車とは路線の関係で逆向き同士となり、連結は不可となる。よほどの事故などの場合、押したり引いたりは出来るが▶常磐線の場合は逆向きとなる路線との出会いがほとんどなく、成田線くらいである。全国的に見れば関東、中部、近畿、九州などには逆向き対面する駅が多い。常磐線の場合、赤電のように前面に貫通幌を吊している側が奇数向き車両だったのだが、前面非貫通の車両が増えて、この見分け方は使えなくなってきた。

◎東海駅　1981(昭和56)年12月1日　撮影：安田就視

湯本駅周辺 (1962年)

いわき市常磐湯本町の上空から、湯本駅周辺を見た空撮である。緑に覆われた山の中、異彩を放っているのは九州では「ボタ山」と呼ばれる、すり鉢状の捨石集積場「ズリ山」である。炭鉱の町、独特の風景で、周囲には炭鉱で働く人々が暮らす炭住が並んでいる。その後、この山にも土砂崩れ防止のために木々が植えられて、周りの山と区別がつかなくなっている。◎撮影：朝日新聞社

【「スーパーひたち」丘陵地を横断】常磐沿線に高山は皆無だが、小高い山や丘陵地帯は多い。いずれも東北本線と比較すれば「平坦線」の一語で片付けられる標高と勾配である。性能の良い車両が揃ってからは、車窓からの風景が早送りのように快活に過ぎてゆく。◎泉〜植田間 1992(平成4)年12月　撮影：安田就視

【常磐炭鉱の中心だった内郷～いわき間を進む415系】内郷駅 (旧綴 (つづら) 駅) は常磐炭鉱全盛の頃は多数の専用線が出ていた。いわき駅 (旧平 (たいら) 駅) は福島浜通りの中心都市で、同じく炭鉱の街だった。写真のような上野からの401～415系の普通列車が多数あったが、現在は勝田以北の各停運行は分断されている。◎2002 (平成14) 年4月　撮影：安田就視

【平(現・いわき)駅】1897(明治30)年2月、日本鉄道磐城線(現・常磐線)の駅として開業。1915(大正4)年7月、平郡東線(現・磐越東線)が開業して接続駅となった。1973(昭和48)年7月に旧駅ビル「ヤンヤン」が誕生。2007(平成19)年10月に新駅舎に移り、2009(平成21)年6月に新駅ビル「いわき駅ビル」が完成した。◎1960年代後半　撮影：山田虎雄

【平(現・いわき)駅】東北地方で第2位の人口約34万人を有する、いわき市の玄関口、いわき駅。この当時は平駅と呼ばれており。1994(平成6)年12月に駅名を改称した。いわき市は1966(昭和41)年10月に平市、磐城市、内郷市、常磐市、勿来市などが合併して誕生しており、誕生当時は日本一の面積を誇っていた。◎1982(昭和57)年11月4日　撮影：荒川好夫(RGG)

【泉駅】常磐線の泉駅は、1897(明治30)年2月に開業した。泉駅からは小名浜駅(港)に至る福島臨海鉄道本線が走っている。この鉄道は1907(明治40)年に小名浜馬車軌道として開業し、磐城海岸軌道、小名浜臨海鉄道と社名を変えながら、1972(昭和47)年10月までは旅客営業を行ってきた。◎1963(昭和38)年　撮影：荻原二郎

【湯本駅】映画「フラガール」で有名になった大型リゾート施設「スパリゾートハワイアンズ」がある、いわき湯本温泉の玄関口となっている湯本駅。1897(明治30)年2月に開業した常磐線の主要駅のひとつである。この駅舎は1967(昭和42)年3月に改築された四代目で、半世紀以上が経過した現在も使用されている。◎1987(昭和62)年4月8日　撮影：荻原二郎

いわき駅周辺 （1984年）

平駅と呼ばれていた頃の常磐線、いわき駅の空撮で、駅の北側上空から市街南側を見た風景である。この時期の平駅は地上駅舎であり、2007(平成19)年10月に新しい橋上駅舎が竣工、駅前再開発ビルの「Latov(ラトブ)」が誕生した。右手に見える道路は国道399号で、写真上(南)側で陸前浜街道(旧国道6号)に結ばれている。◎撮影:朝日新聞社

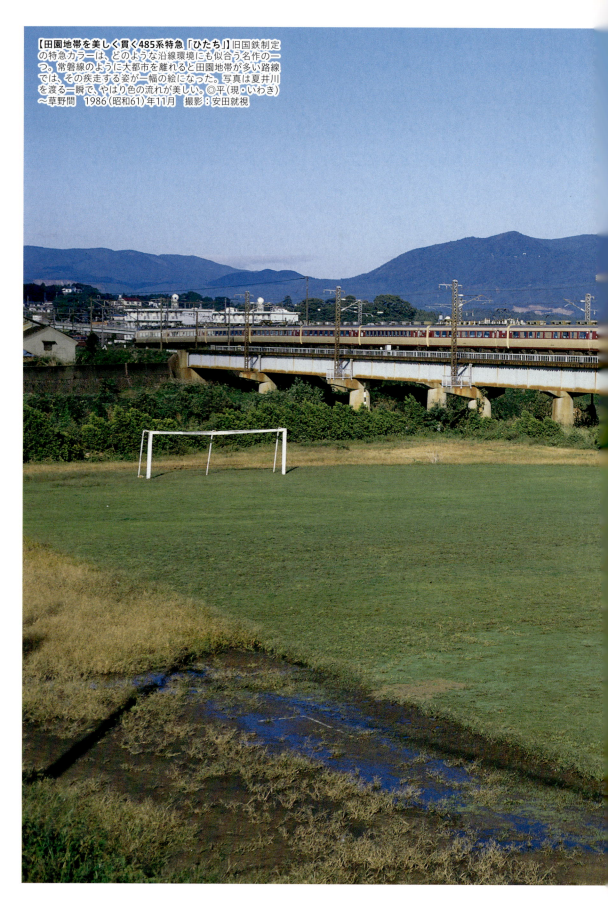

【田園地帯を美しく貫く485系特急「ひたち」】旧国鉄制定の特急カラーは、どのような沿線環境にも似合う名作の一つ。常磐線のように大都市を離れると田園地帯が多い路線では、その疾走する姿が一幅の絵になった。写真は夏井川を渡る一瞬で、やはり色の流れが美しい。◎平(現・いわき)～草野間　1986(昭和61)年11月　撮影：安田就視

【583系寝台特急「みちのく」早駆けで都へ向う】寝台電車583系による常磐線経由の上野〜青森間特急「みちのく」が誕生したのは1972(昭和47)年3月15日。それから10年間常磐線を駆け抜け続けて1982(昭和57)年11月15日に廃止となった。「ゆうづる」と共に速達性、および北海道連絡に寄与した列車の一つだった。◎草野〜平(現・いわき)間 1978(昭和53)年10月 撮影:河野豊(RGG)

【C6223が牽引する急行列車】久ノ浜付近の景色の良い地点を行く急行列車。常磐線のC62形蒸機は特急から普通に至るまでの各種列車を牽引していた。電化は進みつつあったが、まだまだSL天国だった。◎四ツ倉〜久ノ浜間　1964（昭和39）年５月10日　撮影：小川峯生

【C6223と20系客車の特急「ゆうづる」】常磐線におけるC62形の活躍は、1958（昭和33）年の「はつかり」牽引に始まり、電化までの約17年間に及んだ。これは東海道本線、山陽本線における活躍期間より長く、同機にとって常磐線は花の舞台だったといえる。◎久ノ浜〜四ツ倉間　1967（昭和42）年6月11日　撮影者：林 嶢

【453系急行「ときわ」】1963（昭和38）年5月に準急気動車から451系による電車化を行った（水郡線「奥久慈」併結列車は気動車で残る）。1966（昭和41）年3月に急行に格上げとなり、本数も増えて急行「ひたち」と共に好評だったが、列車名は次第に「ひたち」に吸収され、1985（昭和60）年3月に廃止となった。◎久ノ浜～四ツ倉間　1980（昭和55）年8月19日　撮影：小野純一（RGG）

【夜ノ森駅での蒸機列車交換風景】右がD51821牽引の貨物列車、左が蒸機牽引の普通客車列車。ツツジが名所の夜ノ森駅は撮影の名所でもあった。現在は通過線と側線は撤去されている。◎夜ノ森駅　1964（昭和39）年5月10日　撮影：小川峯生

【C6128牽引の普通列車】C61形は、第二次大戦後の1947（昭和22）年からD51形のボイラーとC57形の下回りを組合せて誕生した旅客専用機。東北本線と常磐線で活躍した。◎夜ノ森　1964（昭和39）年5月10日　撮影：小川峯生

【C6238牽引の上り18ﾚ】C62形は常磐線の主の時代が長く、特急、急行から普通列車まで牽引に活躍を続けた。常磐線＝石炭というイメージが強かっただけに、C62形の力強さはまさに常磐線そのものを象徴しているかのようであった。◎夜ノ森　1964（昭和39）年５月10日　撮影：小川峯生

【非電化時代のキハ55系気動車列車】キハ5528ほかの４連で、急行型塗装、準急日光型塗装の混成列車。キハ55系は大型急行型気動車として颯爽と登場し、幹線、亜幹線の準急、急行に活躍したが、すぐに後継のキハ58系が登場して地味な存在となった。◎夜ノ森　1964（昭和39）年５月10日　撮影：小川峯生

【ボンネット型キハ81系気動車特急「はつかり」の時代】上野〜青森間の特急「はつかり」は1958（昭和33）年10月に客車列車、常磐線経由で誕生。1960年12月にキハ81系気動車特急となる（写真）。1968（昭和43）年10月、583系寝台電車特急となり、東北本線経由となる。1982（昭和57）年11月、東北新幹線盛岡まで開業により「はつかり」は盛岡〜青森間の運行となった。◎末続〜久ノ浜間1965（昭和40）年8月　撮影：荒川好夫（RGG）

【夜ノ森駅のツツジ余話】ツツジの美しい夜ノ森駅に停車中の455系更新済み車。当駅のツツジは、昭和の戦前に東京の山手線駒込駅のツツジを移植して増殖整備したもので、「夜ノ森」のイメージアップを図ったものという。原発事故の汚染で伐採されたのは惜しまれるが、後継木を育てる由。◎夜ノ森駅　2002（平成14）年4月28日　撮影：荒川好夫（RGG）

【夜ノ森駅に停車の仙山線カラーの455系】ツツジの名所・夜ノ森駅に停車中の455系下り普通電車。仙台地区の455系は1985（昭和60）年から東北カラー（クリーム／緑帯）に変更していたが、この塗分けは1997（平成9）年に登場した仙山線カラー（青／白）で、磐越西線カラー（赤／白）の色違いになっていた。2001（平成13）年に仙山線の455系運用終了により順次東北カラーに戻された。◎夜ノ森駅 2002（平成14）年4月28日 撮影：荒川好夫（RGG）

【浪江駅】東日本大震災で被災し、それ以前からのB級グルメの「なみえ焼きそば」でも注目されている浪江町の玄関口である浪江駅。1898(明治31)年8月に開業した。写真の駅舎は1976(昭和51)年に改築された。2011(平成23)年3月の震災時に営業を休止したが、2017(平成29)年4月に営業を再開した。◎1982(昭和57)年5月30日　撮影：安田就視

【南相馬の穀倉地帯を快走する急行「もりおか2号」】平坦地を走る常磐線は、勾配の多い東北本線の短絡線として優等列車の速達運転に貢献していたが、1982(昭和57)年の東北新幹線開業によってその役割も終った。常磐線を走った特急「はつかり」「みちのく」「ゆうづる」、急行「みやぎの」「そうま」「もりおか」も消えていった。「もりおか」は2往復する昼行急行だった。◎磐城太田〜小高間 撮影：1979(昭和54)年8月15日 撮影：安田就視

【原ノ町駅】この原ノ町駅が玄関口となっている原町市は2006(平成18)年1月に小高町と鹿島町が合併して南相馬市となっている。駅名は「はらのまち」で、江戸時代から栄えた陸前浜街道の宿場町も原町(はらのまち)宿と呼ばれてきた。2011(平成23)年3月に発生した東日本大震災の影響で一時営業を休止していたが、12月に営業を再開した。◎1982(昭和57)年5月30日　撮影:安田就視

【原ノ町駅ホームに停まる旧型客車列車】左は近代化改造(車内の木部を化粧板に張替え)された戦後製オハフ33形、右は車内木部は重厚なニス塗りの戦前製オハ35形。電車化が進んで客車が余剰になり、旧急行系の車両が幹線や支線の普通列車に使われる時代になっていた。◎原ノ町　1982(昭和57)年5月30日　撮影:安田就視

【穀倉地帯で映える元急行用の455系】急行電車の黄金時代に東北本線と常磐線で八面六臂(はちめんろっぴ)の活躍をしていた451・453・455系急行型電車は、東北新幹線の開業以降は職場が狭まり、幹線、支線の普通列車に使用される例が増えていた。しかし元急行用の堂々たる貫禄は保ち続けていた。◎相馬〜日立木間 1998(平成10)年12月 撮影：安田就視

【原ノ町駅】この駅が玄関口となっている原町市は2006（平成18）年1月、小高町、鹿島町と合併して南相馬市となっている。駅名は「はらのまち」で、江戸時代から栄えた陸前浜街道の宿場町も原町（はらのまち）宿と呼ばれてきた。2011（平成23）年3月に発生した東日本大震災の影響で一時、営業を休止していたが、12月に営業を再開した。◎1960年代　撮影：山田虎雄

【岩沼駅】太平洋沿いを北上してきた常磐線は、岩沼駅の手前で内陸を進んできた東北本線と出合う形になる。常磐線の終着駅はこの岩沼駅だが、列車はそのまま東北本線を走り仙台駅へ向かう。岩沼駅の開業は1887 (明治20) 年12月で、常磐線の開業は10年後の1897 (明治30) 年11月である。これは1980 (昭和55) 年3月に現駅舎が誕生する前の旧駅舎。◎1978 (昭和53) 年　提供：岩沼市

【相馬駅】1897 (明治30) 年11月に開業した中村駅は、1961 (昭和36) 年3月に相馬駅と改称した。駅の所在地は相馬市で、この相馬市は1954 (昭和29) 年3月に中村町、大野村、飯豊村などが合併して市制を施行している。これは現在の駅舎に改築される前の先代駅舎の姿である。◎1982 (昭和57) 年5月15日　撮影：森嶋孝司 (RGG)

【福島・浜通りの北端を行く455系】常磐線のいわき以北は、いわき〜四ツ倉、広野〜木戸、大野〜双葉間を除いて単線になる。車両も一時期は急行型の451〜455系が各種列車を担当し、ローカル色を見せていた。撮影場所は2011(平成23)年3月11日の東日本大震災で不通となった相馬〜浜吉田間にあり、全線の復旧は2020(令和2)年3月とされている。
◎新地〜坂元間 1986(昭和61)年5月 撮影:安田就視

【仙台地区の通勤輸送に貢献した717系近郊型電車】仙台圏の通勤輸送には急行型の451・455系などが使用されていたが、2扉でデッキ付きのため使いにくかった。そこで1978(昭和53)年に気動車キハ47形に類似した2扉セミクロス席の417系が投入され、続いて急行型の機器を再利用した同型の717系が1986～88(昭和61～63)年に導入された。写真は大震災前の常磐線上り運用の一場面。◎相馬～日立木間 1998(平成10)年12月 撮影：安田就視(RGG)

【急行時代のカラーで普通列車となった453系】交直両用の急行型453系は451系の出力アップ車で(100kw→120kw)、東北新幹線開業後は仙台地区の普通運用に就いていた。しばらく急行時代のままの塗分けで奉仕していたが、1985(昭和60)年以降、クリーム／緑帯の東北地域本社カラー(東北カラー)に変った。◎坂元〜新地間 1986(昭和61)年8月24日 撮影：森嶋孝司(RGG)

【仙台発、宮城県内を走る上野行き485系特急「ひたち」】 短絡特急として常磐線経由の仙台〜上野間の特急「ひたち」は重宝されていた。最盛期には仙台発着便が4往復運行され、車両も485系から651系に進化して、「スーパーひたち」の一員を構成していた。しかし2011（平成23）年3月11日の東日本大震災、および東京電力福島第一原子力発電所の事故は常磐線に多大な被害を及ぼし、「ひたち」も上野〜いわき間の運行となった。復興は進んでいるが、工事の竣工は2020（令和2）年3月とされている。◎亘理〜浜吉田　1986（昭和61）年5月　撮影：安田就視

【阿武隈川の単線橋梁を渡る651系「スーパーひたち」】 常磐線の特急は長らく485系が担ってきたが、その置換え用として昭和63〜平成4年（1988〜92）に登場したのが651系99両だった。主に「スーパーひたち」に充当され、上野〜日立間では130km/h運転を行い、時間短縮に貢献したが、2013（平成25）年3月に後輩のE653系と共に新鋭E657系に座を譲って常磐線での運転が終了、以後651系は「スワローあかぎ」「あかぎ」「草津」、および「クレイル伊豆」等に転用された。◎仙台発上野行きの「スーパーひたち」　岩沼〜逢隈間　1998（平成10）年12月22日　撮影：安田就視

【急行時代のカラーで普通列車となった453系】3連1組に組成されていたが、2組、3組と連結すると急行時代を彷彿とさせた。惜しむらくはグリーン車や食堂車などはとうに廃車になっていたことで、「一見急行風」とならざるを得なかったが、これは仕方がなかった。
◎岩沼駅 1988（昭和63）年11月21日 撮影：松本正敏（RGG）

【仙台駅】東北最大の都市である仙台市の玄関口である仙台駅は、1887（明治20）年12月に日本鉄道の駅として開業している。戦前まであった駅舎は1945（昭和20）年7月の仙台空襲で大きな被害を受けたため、戦後の1949（昭和24）年5月、正面に大時計をもつ四代目の駅舎が誕生した。◎1960（昭和35）年12月8日 撮影：荻原二郎

仙台駅周辺（1957年）

太平洋戦争時の仙台空襲で大きな被害を受けた仙台市では、戦後の復興の中、1949（昭和24）年に木造モルタル2階建ての四代目駅舎が建てられた。1954（昭和29）年には駅前広場に続く東西の大通りが開通し、公募により青葉通りと名付けされた。この時期、駅前には新しいビルも誕生しているが、広場周辺では整備工事が続けられていた。◎撮影：朝日新聞社

【仙台駅】建設工事中の六代目（現）駅舎が見える仙台駅の駅前風景。1972（昭和47）年1月からは仮駅舎（五代目）が使用されていた。現在の駅舎は1977（昭和52）年12月から使用が開始され、その後に東西自由通路、駅ビルが完成して、1982（昭和57）年6月の東北新幹線の開業を迎えることとなる。◎1980（昭和55）年3月6日　撮影：RGG

三好好三（みよし よしぞう）

1937（昭和12）年、東京都世田谷区生まれ。
小田急と玉電（現・東急世田谷線）で育ったことから私鉄電車に憧れて幼児から鉄道ファンに。戦後は中央線沿線に転居して、国鉄車両の研究も開始。
国学院大学文学部卒業後に高校教諭を務め、1981（昭和56）年から執筆活動を開始。JTBパブリッシング、学研パブリッシング、彩流社等から著書多数。

【駅舎・空撮写真の解説】
生田 誠

【写真撮影】
安田就視、荻原二郎、小川峯生、林 嶢、山田虎雄、
RGG（レイルウェイズ グラフィック）

常磐線
1960年代～90年代の思い出アルバム

発行日	2019年6月10日 第1刷　※定価はカバーに表示してあります。
著者	三好好三
発行者	春日俊一
発行所	株式会社アルファベータブックス
	〒102-0072　東京都千代田区飯田橋 2-14-5 定谷ビル
	TEL. 03-3239-1850　FAX.03-3239-1851
	http://ab-books.hondana.jp/
編集協力	株式会社フォト・パブリッシング
デザイン・DTP	柏倉栄治
印刷・製本	モリモト印刷株式会社

ISBN978-4-86598-850-5 C0026
なお、無断でのコピー・スキャン・デジタル化等の複製は著作権法上での例外を除き、著作権法違反となります。